U0625848

2012
—
新时代

江西

这十年
—
2022

新时代江西这十年

中共江西省委组织部
中共江西省委党史研究室 著
江西省统计局

江西人民出版社
Jiangxi People's Publishing House
全国百佳出版社

图书在版编目（CIP）数据

新时代江西这十年 / 中共江西省委组织部, 中共江西省委党史研究室, 江西省统计局著. -- 南昌：江西人民出版社, 2022.10
ISBN 978-7-210-14085-6

Ⅰ.①新… Ⅱ.①中… ②中… ③江… Ⅲ.①社会主义建设成就－江西 Ⅳ.①D619.56

中国版本图书馆CIP数据核字（2022）第144309号

新时代江西这十年
XINSHIDAI JIANGXI ZHE SHI NIAN

中共江西省委组织部
中共江西省委党史研究室　著
江西省统计局

出 版 总 监：张德意
策 划 组 稿：梁　菁　黄心刚
责 任 编 辑：李月华
特 约 编 辑：余　晖
责 任 校 对：赖健平
书 籍 设 计：章　雷
责 任 印 制：潘　璐

江西人民出版社
Jiangxi People's Publishing House
全国百佳出版社　出版发行

地　　　址：江西省南昌市三经路 47 号附 1 号
网　　　址：www.jxpph.com
电 子 信 箱：270446326@qq.com
编辑部电话：0791-86898143
发行部电话：0791-86898815
承 印 　 厂：南昌市红星印刷有限公司
经　　　销：各地新华书店

开　　本：720 毫米 × 1000 毫米　1/16
印　　张：16.75
字　　数：180 千字
版　　次：2022 年 10 月第 1 版
印　　次：2022 年 10 月第 1 次印刷
书　　号：ISBN 978-7-210-14085-6
定　　价：59.00 元
赣版权登字-01-2022-440

版权所有　侵权必究
赣人版图书凡属印刷、装订错误，请随时与江西人民出版社联系调换。
服务电话：0791-86898820

目　录

前　言

江西是一片充满红色记忆的红土地。伟大的井冈山精神、苏区精神承载着中国共产党人的初心和使命，激励着赣鄱儿女踔厉奋发、勇拓新途。党的十八大以来，以习近平同志为核心的党中央高度重视江西工作，十分牵挂老区人民。习近平总书记两次亲临江西视察指导，一次参加全国人大会议江西代表团审议，三次发表重要讲话，为江西发展标定了方位、指明了方向。江西省委、省政府高举习近平新时代中国特色社会主义思想伟大旗帜，深刻领悟"两个确立"的决定性意义，围绕"五位一体"总体布局和"四个全面"战略布局，聚焦"作示范、勇争先"目标要求，团结带领老区人民以革命先辈先烈为榜样，增强"四个意识"、坚定"四个自信"、做到"两个维护"，不折不扣贯彻落实党中央决策部署和习近平总书记重要指示批示精神，着力把江西打造成为最讲党性、最讲政治、最讲忠诚、最讲担当的地方，走出了一条贯彻中央精神、契合江西实际的绿色发展新路子。十年间，江西全面打赢脱贫攻坚战、实现与全国同步全面建成小康社会，全省经济社会发展和党的建设各项工作取得了新成绩，新时代改革发展新画卷愈发绚丽多彩。

（一）

习近平总书记特别重视老区建设，特别关爱老区人民生活，特别关心江西革命老区发展怎么样。总书记说：我长期在江西邻省工作，多次来江西特别是到革命圣地吊唁革命先烈，重温井冈山精神、苏区精神，对江西的情况比较熟悉。到中央工作后，我十分关心江西工作。

2006年3月29日至31日，时任浙江省委书记的习近平同志，

井冈山茨坪镇（杜波　摄）

率领党政代表团来到江西考察。2008 年 10 月 13 日至 15 日，时任中共中央政治局常委、国家副主席的习近平同志，到江西视察了赣州、吉安、南昌。2015 年 3 月 6 日，全国两会期间，中共中央总书记、国家主席、中央军委主席习近平参加了江西代表团审议，提出"一个希望，三个着力"重要要求，指出"要着力推动老区特别是原中央苏区加快发展，决不能让老区群众在全面建成小康社会进程中掉队，立下愚公志、打好攻坚战，让老区人民同全国人民共享全面建成小康社会成果"，并强调这是我们党的历史责任。2016 年 2 月 1 日至 3 日，"十三五"开局之年的春节前夕，习近平总书记来到江西井冈山、南昌，看望革命老区群众，对江西工作提出"新的希望、四个坚持"重要要求，强调"全面建成

小康社会一定要让为人民共和国诞生作出重要贡献的革命老区发展得更好"，对井冈山精神作了"坚定执着追理想、实事求是闯新路、艰苦奋斗攻难关、依靠群众求胜利"的全新阐释。总书记指出，人民共和国传承着井冈山的红色基因，江西要"在弘扬井冈山精神上努力走在前列"。2019 年 5 月 20 日至 22 日，在"不忘初心、牢记使命"主题教育前夕，习近平总书记再次视察江西，并来到中央红军长征集结出发地于都视察，为主题教育发出了动员令，为奋进新征程吹响了再出发的号角。总书记说：以百姓心为心，与人民同呼吸、共命运、心连心，是党的初心，也是党的

庐山天下悠、三清天下秀、龙虎天下绝——江西庐山、三清山、龙虎山合成图（江西画报社　提供）

恒心。总书记强调，一定要饮水思源，不要忘了革命先烈，不要忘了党的初心和使命，不要忘了我们的革命理想、革命宗旨，不要忘了我们中央苏区、革命老区的父老乡亲们；要深刻认识红色政权来之不易、新中国来之不易、中国特色社会主义来之不易。总书记充分肯定了江西取得的成绩，并对江西经济社会发展提出了"作示范、勇争先"的目标定位和"五个推进"的重要要求，嘱咐江西要描绘好新时代改革发展新画卷。

习近平总书记的三次重要指示，有五个方面重点内容，即一个新的希望、两个定位、三个着力、四个坚持、五个推进。一个

新的希望：希望江西主动适应经济发展新常态，向改革开放要动力，向创新创业要活力，向特色优势要竞争力，奋力夺取全面建成小康社会决胜阶段新胜利。两个定位：在加快革命老区高质量发展上作示范，在推动中部地区崛起上勇争先。三个着力：着力推动老区加快发展，着力推动生态环境保护，着力推动作风建设。四个坚持：坚持用新理念引领新发展，坚持做好农业农村农民工作，坚持把共享理念落到实处，坚持弘扬井冈山精神。五个推进：推进经济高质量发展，推进改革开放走深走实，推进农业农村现代化，推进社会治理创新，推进红色基因传承。

除亲临视察和下团直接指导外，习近平总书记还亲自推动《国务院关于支持赣南等原中央苏区振兴发展的若干意见》《国务院关于新时代支持革命老区振兴发展的意见》等重磅文件接续出台，使赣南等原中央苏区振兴发展上升为国家战略，并且先后 9 次对赣南苏区振兴发展作出重要指示批示，反复强调"抓好革命老区振兴发展，让老区人民过上富裕幸福的生活，具有特殊的政治意义"，为赣南革命老区振兴发展注入了强大动力。此外，为传承好中华优秀传统文化，2015 年，习近平总书记先后 2 次对景德镇御窑厂遗址保护工作作出重要批示。2018 年，习近平总书记亲自给在南昌举办的首届世界 VR 产业大会发来贺信，为江西深入推进 VR 产业发展指明了方向。

习近平总书记为江西发展精准把脉定向、擘画"美好蓝图"，把江西的过去、现在和未来贯通起来思考，赋予江西面向全国、面向未来更重要的角色定位和更大的使命担当，为江西发展提供

贺　信

　　值此 2018 世界 VR（虚拟现实）产业大会开幕之际，谨向大会的召开表示热烈的祝贺！向出席大会的各位嘉宾和各界人士表示诚挚的欢迎！

　　当前，新一轮科技革命和产业变革正在蓬勃发展，虚拟现实技术逐步走向成熟，拓展了人类感知能力，改变了产品形态和服务模式。中国正致力于实现高质量发展，推动新技术、新产品、新业态、新模式在各领域广泛应用。中国愿加强虚拟现实等领域国际交流合作，共享发展机遇，共享创新成果，努力开创人类社会更加智慧、更加美好的未来。

　　希望与会各方围绕大会主题，加强交流，增进共识，扩大合作，携手推动相关产业发展，更好造福各国人民。

　　预祝大会圆满成功！

习近平

2018 年 10 月 19 日

　　2018 年 10 月 19 日，中共中央总书记、国家主席、中央军委主席习近平向在南昌举办的世界 VR 产业大会致贺信（资料来源：《江西日报》2018 年 10 月 20 日头版）

了金钥匙，注入了新动力，构成了习近平新时代中国特色社会主义思想的"江西篇章"。总书记对江西的殷殷嘱托和重要要求，是赋予江西改革发展的"时代考卷"，是江西走好新时代长征路的"精神航标"，在江西发展史上具有重要的里程碑意义。

2018 年首届世界 VR 产业大会期间，市民和游客涌入南昌 VR 展馆参观体验（洪子波　摄）

（二）

旗帜引领方向，思想凝聚力量。党的十八大以来，党和国家事业之所以能够取得历史性成就、发生历史性变革，根本在于有以习近平同志为核心的党中央领航掌舵，有习近平新时代中国特色社会主义思想科学指引。江西省委、省政府高举习近平新时代中国特色社会主义思想伟大旗帜，深刻领悟"两个确立"的决定性意义、坚决做到"两个维护"，坚持把学习习近平总书记最新重要讲话、重要指示批示精神作为"第一议题"，把贯彻落实习近平总书记对江西工作的重要要求及系列重要指示批示精神作为第一责任，持续增强政治判断力、政治领悟力、政治执行力，确保在政治立场、政治方向、政治原则、政治道路上始终同以习近平同志为核心的党中央保持高度一致，确保党中央的各项决策部署在江西不折不扣落地生根、开花结果。

持续深入学习宣传贯彻习近平新时代中国特色社会主义思想、习近平总书记视察江西重要讲话精神，是新时代这十年江西政治生活的主题。省委深入实施习近平新时代中国特色社会主义思想教育培训计划，坚持把习近平新时代中国特色社会主义思想作为干部教育的主课、必修课；深入开展习近平新时代中国特色社会主义思想宣传宣讲活动，扎实推动党的创新理论大众化、普及化，让党的创新理论更好地"飞入寻常百姓家"。2021年全省开展习近平新时代中国特色社会主义思想对象化、分众化、互

2022 年 6 月 10 日，学习宣传贯彻习近平新时代中国特色社会主义思想研讨会在井冈山举行（海波　摄）

动化宣传宣讲活动 16.8 万场，受众 2429 万人次。2022 年 6 月 10 日，中共中央宣传部学习宣传贯彻习近平新时代中国特色社会主义思想研讨会在井冈山举行，充分体现了以习近平同志为核心的党中央对江西革命老区的深切关怀，为全省上下深学笃行习近平新时代中国特色社会主义思想、喜迎党的二十大胜利召开提供了新的精神助力。

为不断深化思想认识、完善工作思路、细化发展举措，确保江西各项事业发展始终沿着正确方向前进，省委、省政府主要负责同志结合新要求、新任务、新形势，一次次重温习近平总书记重要讲话、一次次重走习近平总书记视察之路，对深入贯彻落实习近平总书记对江西工作重要要求进行再深化、再部署、再推进、再落实。2016 年 3 月、2019 年 6 月、2021 年 3 月、2022 年 6 月，省委相继出台《关于深入学习贯彻落实习近平总书记对江西工作

中国共产党江西省第十五次代表大会现场

要求的决定》《关于深入学习贯彻习近平总书记视察江西重要讲话精神　努力描绘好新时代江西改革发展新画卷的决定》《关于深化落实习近平总书记视察江西重要讲话精神　奋力开启全面建设社会主义现代化新征程的意见》和《关于深入贯彻习近平总书记视察江西重要讲话精神　以优异成绩迎接党的二十大胜利召开的决定》，推动学习贯彻习近平总书记视察江西重要讲话精神落实落细，转化为江西高质量跨越式发展的强大动力。

2021 年 10 月 19 日，全省领导干部会议召开，宣布中共中央对江西主要领导同志职务调整的决定，易炼红任江西省委书记。同日，叶建春以省委副书记、省政府党组书记①身份参加活动。次日,履新后的省党政主要负责同志分别主持召开省委常委会（扩

---

① 　2021 年 10 月 21 日，省十三届人大常委会第三十三次会议接受易炼红辞去省长职务的请求，任命叶建春为省政府副省长、代理省长职务。2022 年 1 月 20 日，省十三届人大六次会议补选叶建春为省长。

大）会议和省政府党组（扩大）会议，重温习近平总书记视察江西重要讲话精神，鲜明宣示省委、省政府坚定不移高举习近平新时代中国特色社会主义思想伟大旗帜，一以贯之、不折不扣贯彻落实习近平总书记视察江西重要讲话精神的政治自觉、思想自觉和行动自觉。

2021年11月召开的江西省第十五次党代会明确提出"千方百计推动高质量发展、打造高标准生态、创造高品质生活、实现高效能治理、推进高水平党建，努力实现一流的生态环境、一流的人居环境、一流的营商环境、一流的社会治理、一流的发展态势和成效"，全面建设创新江西、富裕江西、美丽江西、幸福江西、和谐江西、勤廉江西的奋斗目标和"政治引领、创新驱动、改革攻坚、开放提升、绿色崛起、兴赣富民"二十四字工作思路，形成了省委学习习近平总书记重要讲话精神的最新成果，贯彻习近平总书记对江西工作重要要求的最新部署，落实习近平总书记殷殷嘱托的最强行动。

2022年5月20日，在习近平总书记再次亲临江西视察三周年之际，省委召开深入学习贯彻习近平总书记视察江西重要讲话精神座谈会暨省委理论学习中心组（扩大）集体学习会，再次重温习近平总书记视察江西重要讲话精神和关于江西工作重要要求，围绕"牢记嘱托作示范、感恩奋进勇争先"，提出必须更加突出政治建设这个首要任务，坚决贯彻"两个确立"、自觉做到"两个维护"等七个方面要求，勉励全省上下不断把习近平总书记的殷切期望转化为奉献江西红土圣地的忠诚担当，奋力走出一条新时代江西高质量跨越式发展的新路，努力创造新时代"第一等的工作"。

（三）

十年栉风沐雨，十年勇毅前行。新时代这十年，江西省委、省政府坚持以习近平新时代中国特色社会主义思想为指导，深入贯彻落实习近平总书记对江西工作重要要求和重要指示批示精神，聚焦"作示范、勇争先"目标定位和"五个推进"重要要求，感恩奋进、担当实干，加快推进高质量跨越式发展，努力描绘好新时代江西改革发展新画卷，赣鄱大地到处都是活跃跃的创造，到处都是日新月异的变化，展现出欣欣向荣、蓬勃向上的新气象。

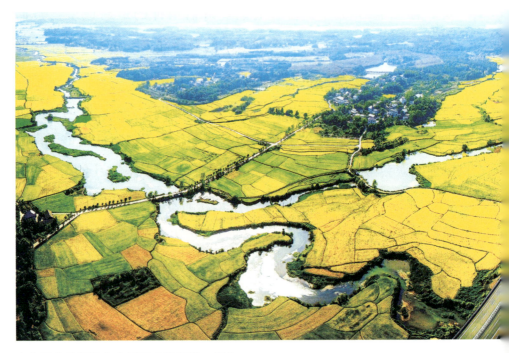

永修县燕坊镇秋收全景图（梁振堂　摄）

十年来，江西深入贯彻习近平总书记关于"坚持用新发展理念引领发展行动"的重要要求，紧紧扭住发展第一要务，推动综合实力实现大跨越。大力实施高质量跨越式发展首要战略，扎实推进创新型省份建设，创新实施产业链链长制，着力培育壮大航空、电子信息、装备制造、中医药、新能源、新材料等优势产业，成功在航空、VR、移动物联网、硅衬底半导体照明等领域取得先发优势，在确立新兴工业大省地位的同时，为今后实现领先发展积聚了势能。深入推进数字经济做优做强"一号发展工程"，加快构建具有江西特色的现代化经济体系。十年间，全省生产总值年均增长8.4%，总量在全国排位由第19位前移至第15位，人均地区生产总值超过10000美元，主要经济指标增幅持续稳居全

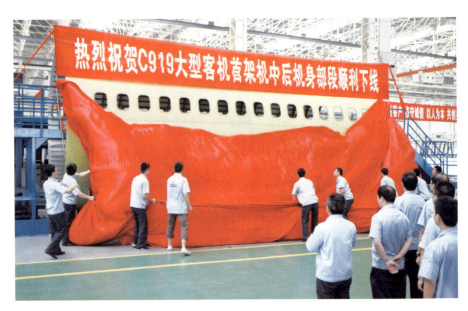

2014 年 8 月 21 日，由中航工业江西洪都航空工业集团有限责任公司研制的 C919 大型客机首架机中后机身部段在南昌成功下线（许珊　摄）

国第一方阵。

十年来，江西深入贯彻习近平总书记关于"推进改革开放走深走实"的重要要求，用好用活改革开放关键一招，推动动力活力实现大迸发。大力推进深层次改革，实施全面深化改革攻坚行动，深入推进营商环境优化升级"一号改革工程"，主要领域改革主体框架基本确立，重

动车组列车行驶在沪昆高铁宜春特大桥上（张学东　摄）

2018 年 11 月，江西政务服务小程序"赣服通"上线启动 （曾博文　摄）

2019 年 6 月，都九高速鄱阳湖二桥建成通车（杨继红　摄）

要领域和关键环节改革取得突破性进展,"赣服通""赣政通""政务服务 365 天'不打烊'""余江宅改"、国资国企、绿色金融等改革品牌享誉全国。大力实行高水平开放,江西内陆开放型经济试验区成功获批、扎实推进,四通八达的开放大通道体系逐步完善,赣南直接对接粤港澳大湾区建设、赣东北融入长三角一体化发展、赣西北携手长江中游省份合作交流互助共进的开放体系加速形成,全省开放格局日益优化、开放发展水平明显提升。江西改革开放向着更大范围、更宽领域、更深层次拓展迈进,为新时代高质量跨越式发展源源不断注入澎湃动力。

十年来,江西深入贯彻习近平总书记关于"打造美丽中国'江西样板'"的重要要求,坚定不移走生态优先、绿色发展之路,推动"开窗见绿、推门见景"成为美丽江西的现实写照。全力践行习近平生态文明思想,大力推进国家生态文明试验区建设,中央部署的 38 项重点改革任务全面完成,35 项改革成果获全国推

靖安县山林(聂靖生 摄)

大汉湖白鹤（江西画报社　提供）

庐山西海（翁第亮　摄）

广。坚决打好污染防治攻坚战,扎实推进长江经济带"共抓大保护"攻坚行动, 2021 年全省空气优良天数比例 96.1%, 国考断面水质优良率 95.5%, 生态环境质量保持全国前列。加快提升城市功能品质, 深化城乡环境综合整治, 全省森林覆盖率稳定在 63.1% 以上, 国家森林城市、园林城市实现设区市全覆盖。"环境就是民生,

2021 年 9 月，一群在赣江南昌段嬉戏的长江江豚和岸上的高楼大厦相互映衬（梁振堂、洪子波 摄）

青山就是美丽，蓝天也是幸福"的理念在赣鄱大地日益彰显，美丽中国"江西样板"不断呈现新气象。

十年来，江西深入贯彻习近平总书记关于"保障和改善民生"的重要要求，坚持共建共享，推动民生福祉实现大提升。始终坚持以人民为中心的发展思想，坚决打赢脱贫攻坚战。井冈山市树起全国脱贫第一面红旗，全省 25 个贫困县全部"摘帽"、3058 个贫困村全部退出，居民人均可支配收入提前 1 年实现较 2010 年翻番，与全国同步全面建成小康社会，人民群众获得感、幸福感、安全感全面提升。聚焦人民群众急难愁盼问题，着力解决就业岗位、托幼园位、上学座位、医疗床位、养老点位、停车车位、如厕厕位等民生实事。加强和创新社会治理，法治江西、平安江西建设亮点纷呈，扫黑除恶专项斗争综合绩效居全国第 3，连续 16 年被评为全国综治考评优秀省。老区人民生活芝麻开花节节高，展现出一派欢乐祥和、文明和谐的幸福场景。

十年来，江西深入贯彻习近平总书记关于"推进全面从严治

2017 年，脱贫后的井冈山市神山村张灯结彩迎新年（梁振堂　摄）

瑞金"十七棵松"故事发生地华屋村新貌（瑞金市　提供）

党"的重要要求，全面加强新时代党的建设，扎实推进全面从严治党，推动政治生态实现大优化。勤政廉政、担当实干成为新时代江西最绚丽的底色、最高昂的旋律。以党的政治建设为统领，全面加强新时代党的建设，大力传承红色基因，积极弘扬伟大建党精神和井冈山精神、苏区精神、长征精神，切实加强基层党建标准化、规范化、信息化建设，坚持以正确用人导向选贤任能，着力建设高素质专业化干部队伍，持续深化整治形式主义、官僚主义，一体推进不敢腐、不能腐、不想腐。江西广大党员干部大力传承"日着草鞋干革命，夜打灯笼访贫农"的好作风，努力争创新时代"第一等的工作"，认真回答"为了谁""依靠谁""我是谁"的问题，切实为群众办实事、解难题，在红土地上不断书写为民情怀新诗篇。

红色名村——万安县涧田乡晓东村红色研学活动现场 （刘伟锋　摄）

在中央红军长征出发纪念馆，学习参观的游客络绎不绝（李劼　摄）

　　新时代以来的十年，还是赣南等原中央苏区振兴发展国家战略全面实施的十年。十年来，江西与中共中央组织部、国家发展和改革委员会等 63 个中央国家机关及有关单位勠力同心，给予赣南等原中央苏区前所未有的人力、物力、财力支持，助力赣南苏区 21 个贫困县全部脱贫摘帽、239.8 万建档立卡贫困人口全部脱贫，彻底摆脱了区域性整体贫困，推动赣南苏区各领域全方位发生美丽蝶变。2022 年 3 月，国务院批复同意建设赣州革命老区高质量发展示范区，肩负"打造新时代革命老区振兴发展的样板"重任的红土地扬帆再出发。

　　2019 年 11 月，江西贯彻落实习近平新时代中国特色社会主义思想，促进地方经济发展、减贫脱贫、改善民生的一系列生动

赣州新貌（林宗健　摄）

2019 年 10 月 1 日，参加庆祝中华人民共和国成立 70 周年群众游行的"金色赣鄱"江西彩车（江西画报社　提供）

故事，借助中共中央对外联络部和江西省委共同举办的"中国共产党的故事——习近平新时代中国特色社会主义思想在江西的实践"专题宣介会，围绕"为人民谋幸福：政党的使命"这一鲜明

2019年11月，"中国共产党的故事——习近平新时代中国特色社会主义思想在江西的实践"专题宣介会在南昌举行，图为外宾对话环节（曾博文　摄）

主题，呈现在60多个国家50多个政党的300多名政党领导人和与会代表面前，成为向世界诠释中国共产党使命的"江西样本"。

牢记嘱托担使命，感恩奋进谱新篇。开启新征程，奋进新时代，英雄的赣鄱儿女牢记习近平总书记嘱托，聚焦"作示范、勇争先"的目标要求，以更高政治站位、更实政策举措、更严工作作风，坚定不移沿着总书记指引的方向勇毅前行，不断把总书记的殷切期望转化为奉献江西红土圣地的忠诚担当，加快推进高质量跨越式发展，齐心协力把习近平总书记为江西擘画的蓝图一步步变为美好现实，努力创造新时代"第一等的工作"，以优异成绩迎接党的二十大胜利召开，奋力书写全面建设社会主义现代化江西的精彩华章。

第一章

全面激发动力活力，
创新江西跑出“加速度”

　　创新是一个民族进步的灵魂，是一个国家兴旺发达的不竭动力。牢记习近平总书记"向创新创业要活力"的重要要求，江西省委、省政府以"不进则退、慢进也是退、不创新必退"的历史使命感和责任感，把创新作为引领发展的第一动力，紧紧抓住国家构建新发展格局的战略机遇，着力破解科技创新能力不足、动力不强这一制约江西经济社会发展的瓶颈，全力推动以科技创新、改革创新、开放创新为主要内容的全面创新不断加速前进。十年间，江西科技创新不断迈上新台阶，综合科技创新水平指数全国排位从2012年第25位前移至2021年第16位，连续七年实现进位；全面深化改革不断取得新成效，重要领域和关键环节改革取得突破性进展；全方位开放合作不断达到新高度，开放型经济主要指标均实现翻番。为保持好创新势头，省第十五次党代会提出的全面建设"六个江西"奋斗目标，将"创新江西"摆在首位。2022年虎年伊始，省委、省政府以"新春第一会"的形式，高规格召开全省深化发展和改革双"一号工程"推进大会，吹响了强力推动数字经济大发展、营商环境大提升的冲锋号角，宣示了江西在新征程上狠抓创新促发展的信心和决心。

（一）创新驱动能力得到新增强

老区不老，风华正茂！江西按照习近平总书记擘画的蓝图，始终围绕革命老区创新发展作示范，全力推进创新型省份建设，加快完善区域创新体系、加速集聚优质创新要素、加强创新驱动发展活力，全省创新平台提能升级、科技成果加速转化、科技型企业健康成长，努力在科技创新上"赣"出新精彩。

1. 加快完善区域创新体系

区域创新体系建设是深入实施区域发展战略、建设创新型省份的重要支撑，也是实现高质量发展的重要保障。江西聚焦增强创新能力，不断优化资源配置，形成了"一廊两区六城多点"的创新区域体系。赣江两岸科创大走廊打造全国重要区域科技创新中心的战略布局初步形成，赣江新区在国家级新区中的排名由2017年的第14位提升至2021年的第12位。南昌高新区等7个国家高新区获批建设鄱阳湖国家自主创新示范区，奋力抢占经济与生态联动发展先机；井冈山国家农业科技园区加快升建国家农业高新技术产业示范区。六大科创城建设成效明显，南昌航空、赣州稀金、鹰潭智慧、中国（南昌）中医药、上饶大数据、南昌VR六大科创城围绕产业发展集聚各类科技创新平台57个，拥有高新技术企业337家、科技型中小企业376家，成为全省重点产业与科技创新高度融合的"主战场"。创新型县（市、区）建设自2018年启动建设试点以来，已建成1个国家级和19个省级创

2016 年 6 月 6 日，国务院批复设立江西赣江新区，同年 10 月 20 日赣江新区正式挂牌，成为中部地区第 2 个、全国第 18 个国家级新区。赣江新区成立以来，相继获得国家绿色金融改革创新试验区、国家大众创业万众创新示范基地、国家级人力资源服务产业园等"国字号"名片。近年来，赣江新区主要经济指标增速位居 19 个国家级新区第一方阵，正成为江西高质量跨越式发展的"王牌""骏马"。图为赣江新区儒乐湖

新型试点县（市），探索了各具特色的县域创新发展模式和路径。

2021 年是"十四五"开局之年，江西在区域创新体系建设取得显著阶段性成效的基础上，提出"一核十城多链"协同创新区域布局的建设目标。一核是强化南昌创新"头雁"地位，把大南昌都市圈建成中部地区创新发展重要一极；十城是在统筹推进六大科创城建设的基础上，总结经验，重点建设吉安光电、九江—抚州数字经济、景德镇—萍乡陶瓷新材料、新余—宜春锂电新能源四大科创城；多链是围绕产业链部署创新链，形成多条具有较强竞争力的产业创新链。2021 年 12 月，《江西省产业链科技创新

联合体建设方案》出台，提出聚焦有色金属、电子信息、生物医药等优势产业及其延伸的 14 个产业链，分批组建由龙头企业或有条件的高校院所牵头、各创新主体高效协同的 24 个创新联合体，推动产业链、供应链、创新链升级。按照"厂房在哪里，实验室就建在哪里；工程师在哪里，科学家就在哪里"的模式，以科研攻关、技术创新来破解产业堵点、卡点，实现产业提质增效的发展目标，增强发展动能。2022 年 1 月，由江西铜业集团有限公司（简称江铜集团）牵头，江西省科学院、中南大学等 18 家成员单位共同组建的江西首个产业科技创新联合体——江西省铜产业科技创新联合体成立，助推江铜集团多个科技项目一季度创效超 2500 万元。至 2022 年 7 月，围绕 14 个重点产业链布局的 24 个创新联合体已全部组建完成，共吸引 460 位专家参与，其中院士 58 人。创新联合体成为产业链相关优势科技力量的"整合者"，政产学研用金融合发展的"先行者"。

2. 加速集聚优质创新要素

创新平台是集聚创新要素、培养创新人才、实现科技有效供给的重要载体。江西大力实施创新平台攻坚行动，重大创新平台建设取得历史性突破。中科院赣江创新研究院成立，填补了江西无大院大所直属机构的空白；中药国家大科学装置预研中心、中科院庐山植物园、中科院江西产业技术创新与育成中心、中国工程科技发展战略江西研究院、中国信息通信研究院江西研究院、中国中医科学院中医药健康产业研究所等一批"中字头""国字号"

2020 江西智库峰会现场（舒言诚　摄）

高端重大研发平台相继落地，高端创新资源在江西的聚集效应不断显现；江西理工大学国家稀土功能材料创新中心获批成为第 14 个国家制造业创新中心，填补了省内无国家制造业创新中心的空白。为借助国家级大院大所平台和技术优势，促进科技创新，高位嫁接国家高端智库平台，江西连续 4 年举办智库峰会。2020 年，9 个国家级大院、40 个国家级大所首次大规模组团参加，推动了中科院无人机中心（共青城分中心）、中科生态修复（江西）创新研究院等 7 个研发平台落地江西。至 2021 年，全省共有国家级研发平台 96 个，国家级重点工程（技术）研究中心 8 个，国家级重点实验室 6 个。同时，江西加快创新平台优化整合，大力构建省级实验室体系、技术创新平台体系、科研基础条件平台体系，至 2021 年，共有省级研发平台 1213 个，省级工程（技术）研究中心 351 个，省级重点实验室 240 个，由省级到国家级的创新平台体

在 2020 江西智库峰会项目百米巡展长廊，参会人员用手机记录新型的节能环保项目（徐铮　摄）

江西青峰药业有限公司创新天然药物与中药注射剂国家重点实验室，是江西省首次获批组建的两个企业国家重点实验室之一（吴悦　摄）

孚能科技（赣州）股份有限公司省级新能源汽车动力电池工程技术研究中心（郭晶　摄）

系加速形成。

经费投入持续加大。财政资金对科技投入持续增长，全社会研发经费（R&D 经费）支出由 2012 年的 113.7 亿元增加至 2020 年的 430.7 亿元，增长 2.8 倍；研发投入强度（R&D 经费支出占 GDP 的比重）由 0.88% 提高到 1.68%；据统计，2012—2021 年

江西省 2018 年度独角兽、瞪羚企业榜单发布会举办，会上发布了江西首批独角兽企业和潜在、种子独角兽企业等榜单。图为授牌仪式现场（江西画报社　提供）

全省科技支出累计 1147 亿元，年均增长 25.4%，高于同期财政支出年均增速 16 个百分点。为了让有限的研发投入用在"刀刃"上，重大科技研发专项支持强度增至 500 万元 / 项—1000 万元 / 项，研发类项目最低支持强度提升至 100 万元 / 项，彻底结束多年来各方反映强烈的科研项目资金"撒胡椒面"局面。金融服务科技创新效能大力提升，江西做大做优"科贷通""科创通宝"等科技金融服务品牌，助力科技型中小企业融资不掉链。"科贷通"累计放款 67 亿元、受益企业 2563 家次，"科创通宝"企业融资金额突破 2 亿元，有效缓解了科技型中小企业融资难、融资贵的问题。此外，引导撬动更多社会资本投资科技创新，连续举办 3 届滕王阁创投峰会，有效帮助更多科技型企业打通融资渠道；推动设立鄱阳湖国家自主创新示范区科创基金、科技创新（独角兽）

"种下梧桐树，引得凤凰来"，良好的人才政策环境，吸引了一大批海内外优秀人才选择江西、留在江西，投身这片红色热土（曾博文　摄）

基金，支持鼓励银行开发科技金融产品，推动保险机构开发科技成果转化险种。通过财政和金融扶持，至 2021 年，全省 8361 家企业获得科技部科技型中小企业入库编号，是 2017 年启动建设初期的 18 倍，入库企业数量全国排名第 13 位，实现连续 3 年进位。

　　人才是创新的主角。近年来，江西找准定位、扬长避短，全面落实党管人才原则，不断深化人才发展体制机制改革，人才队伍不断壮大，人才结构不断完善，人才环境不断优化。启动实施省"双千计划"，优化实施省主要学科学术和技术带头人培养计划、省高层次和急需紧缺海外人才引进计划、"井冈学者"奖励计划等，初步构建了引进与培养并重、梯次合理、符合人才成长规律的人才计划体系；积极打造"才聚江西　智荟赣鄱""海外人才江西行""海智惠赣鄱"引智活动品牌，搭建省人才引进和交流合作平台。持续优化人才服务，创建 13 家省级服务支持人才创新创业示范基地，为人才创新创业提供落户、签证、科研项目申报等"一站式"人才服务。设立省人才创新创业引导基金，成立全国首家专业化人才服务银行，精准解决人才创新创业的投融资难题。打造"一站式"人才服务平台，实现"数据多跑路、人才少跑路"。江西人才引育能力显著增强，研发人员规模进一步扩大："十三五"时期末，全省拥有专业技术人员77.93万人，较"十二五"时期末增加3.94万人，平均每万人拥有专业技术人员172人；全省拥有研发人员18.09万人，是2015年的1.52倍，年均增长18.1%。十年来，新增江风益、谢明勇、陈晔光3位两院院士，全省现有两院院士6人，通过各种方式引进培养国家级人才工程入选者600余人，享受国务院政府特殊津贴2242人，省级重大人才工程入选者近5000人。

3. 加强创新驱动发展活力

全力践行习近平总书记"拥有自主知识产权和核心技术"的嘱托，十年来江西聚焦发展战略性新兴产业，开展集中技术攻关，成功实施一批科技重大专项，突破了一批关键核心技术，解决了一批"卡脖子"问题，取得了一批重大成果，荣获国家级科技奖励51项。其中，2015年，"直-10专用武装直升机"获国家科技进步一等奖，这是江西缺席15年后再次作为第一完成单位荣膺国家级科学技术奖一等奖；南昌大学教授江风益领衔的"硅衬底高光效GaN基蓝色发光二极管"项目荣获2015年度国家技术发明奖中的唯一一等奖，实现江西国家技术发明奖一等奖"零"的

　　直 –10 是我国航空工业自主研制的专用武装直升机，整体作战性能达到国际先进水平。2022 年 7 月，中国航空工业集团将该型机命名为"霹雳火 –10"（江西画报社　提供）

突破，使我国成为继日美之后第三个掌握蓝光 LED 自主知识产权技术的国家；2020 年，江西自主知识产权成果——航空工业洪都公司"L-15 高级教练机"获国家科技进步一等奖。在 2021 年评定的省十大科技成果中，家猪新品种培育基因芯片"中芯一号"、弹性成像检测系统、半导体照明技术、退役动力电池智能拆解与回收利用技术等，有的已达到国际领先水平，有的填补了领域技术空白，江西科技发展展现出了硬实力。

南昌大学国家硅基 LED 工程技术研究中心实验室（林君　摄）

航空工业洪都公司自主设计研发的双座双发超音速"L-15高级教练机",又称教-10,正式命名为"猎鹰"(江西画报社 提供)

高新技术产业规模持续壮大。全省高新技术企业规模大幅增长,总数从 2012 年的 356 家增长到 2021 年的 6669 家,增长 17.7 倍;高新技术产业增加值占规模以上工业企业增加值的比重,从 2012 年的 23.8% 上升至 2021 年的 38.5%,提高 14.7 个百分点。在 2021 年全国高新区评价结果中,全省 9 个国家级高新区实现连续进位,其中 7 个国家级高新区实现两位数进位,南昌高新区上升至第 24 位,继续稳居全国第一方阵。

战略性新兴产业超常规发展。江西大力提升航空、电子信息、装备制造、中医药、新能源、新材料六大优势产业发展水平,战略性新兴产业实现超常规发展。

数字经济抢抓机遇、优势凸显。推动数字经济发展是以习近平同志为核心的党中央把握世界科技革命和产业变革大趋势作出的战略部署,也是江西实现变道超车、换车超车的重大机遇。江西将数字经济做优做强作为"一号发展工程",加快打造全国数字经济发展新高地。深入开展新基建大会战,在县县通 5G 的基础上,基本实现乡乡通 5G,全省 5G 移动电话用户超 1300 万户,特别是建成开通南昌国家级互联网骨干直联点,互联网网间带宽跃居

2022 年 8 月 9 日，世界首条稀土永磁磁浮轨道交通工程试验线——"红轨"，在兴国县顺利竣工，实现了稀土永磁磁浮技术与空轨技术完美结合，是继电磁悬浮、超导磁浮之后开辟的一种新的磁悬浮技术路线，是稀土材料应用及永磁磁浮轨道系统研究的又一重大成果，我国具有完全自主知识产权。该试验线由江西理工大学牵头，与兴国县人民政府联合中铁六院、中铁工业、国家稀土功能材料创新中心等共同研制而成，因建设在革命老区兴国县，被誉为"红轨"。"红轨"研制涵盖新材料、人工智能、无线通信、智能制造等多个领域，其发展将有力推动"绿色交通"发展与低碳出行（陈化先　摄）

全国第 8 位；着力打造 VR、"03 专项"等产业"新品牌"，集中优势资源做深做细 20 条产业赛道，全面提升数字产业规模能级。至 2021 年，全省 VR 产业从 2018 年的 42 亿元猛增至 604 亿元，移动物联网产业突破 1600 亿元，电子信息产业突破 6500 亿元，数字经济总量突破万亿元，达到 10378 亿元，占地区生产总值的 35%，同比增长 19.5%，增速位列全国第三。

　　航空产业基础扎实、快速"起飞"。江西是新中国第一架飞机的诞生地。省委、省政府一直高度重视航空产业的发展与创新，

2018 年 10 月 19 日 至 21 日，2018 世界 VR 产业大会在南昌召开。图为中外游客共同体验 VR 产品（洪子波　摄）

新时代江西这十年

位于鹰潭市龙虎山的中国首个景区窄带物联网（NB-IoT）智慧停车场（杨继红　摄）

自 2016 年提出要加快实现江西"航空梦"后，江西从产业到研发、从生产性平台到服务性平台，抓重点、补短板、强弱项，掀起了航空工业加速冲刺的热潮：2019 年航空产业总收入突破千亿元，用不到 10 年的时间实现了 10 倍增长；2020 年达到 1200 亿元，规模居全国前三；2021 年突破 1400 亿元，是 2012 年的 5 倍多。2022 年 5 月，1/4 机身为"江西造"的即将交付首家用户的首架 C919 大飞机首次飞行试验圆

位于景德镇的昌飞直升机总装现场（敖玉龙、汪湧　摄）

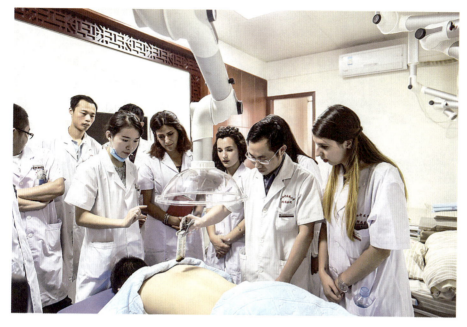

2017 年 5 月,中国—葡萄牙中医药中心培训班学员在省中医院学习热敏灸(沈德森 摄)

满完成,国产大型多用途民用直升机 AC313A 首飞成功,江西以"高精尖"产品技术展现出航空工业的硬核实力。"航空产业大起来、航空研发强起来、江西飞机飞起来、航空小镇兴起来、航空市场旺起来"的"航空梦"不断加快实现,江西从航空大省向航空强省的跨越指日可待。

中医药产业创新发展。中国中医药文化历史悠久。江西是中医药文化的重要发祥地之一,也是全国为数不多具备中医药种植、加工制造、流通服务完整产业体系的省份之一。在以习近平同志为核心的党中央关心关怀下,江西于 2016 年获批为全国第二个以省为单位的国家中医药综合改革试验区。近年来,全省深入贯

江中药谷中药生产线

彻习近平总书记关于中医药发展的重要论述和视察江西重要讲话精神，加快建设中医药强省，推动中医药事业产业发展取得了长足进步。中药工业产值多年位居全国前列，中药产业主营业务收入 2021 年达 429.05 亿元，中药材种植面积从 2017 年的 97.63 万亩增至 2021 年的 316 万亩，综合产值约 150 亿元。传承创新步伐加快，大力推进中国（南昌）中医药科创城建设，中药国家大科学装置预研中心建设取得积极进展；自主原创的热敏灸疗法在全国 28 个省、自治区、直辖市 500 多家医院，以及全世界 20 多个国家、地区广泛推广。2022 年初，江西成功入选首批国家中医药综合改革示范区。

以数字经济、航空产业、中医药等为代表的战略性新兴产业成为江西老区经济发展的亮丽名片，战略性新兴产业增加值占规模以上工业增加值比重 2021 年达到 23.2%，为经济高质量跨越式发展提供了有力支撑。

（二）全面深化改革迈向深层次

改革是"关键一招"。江西深入贯彻习近平总书记关于"推进改革开放走深走实"的重要要求，大力实施高质量跨越式发展首要战略，以深化供给侧结构性改革为主线，以务实之策协同化促进改革创新，扎实推进全面深化改革十大攻坚行动，重要领域和关键环节改革取得突破性进展。近年来，全省深化改革呈现出蹄疾步稳、多点开花、亮点纷呈的良好局面，为经济发展注入澎湃动力。

1.激发科研人员创新潜力

深化科技体制机制改革，优化创新生态环境，激发科研人员和市场主体的创新潜力。一是在科研管理上做"减法"：2018 年，在全省范围内部署开展减轻科研人员负担七项行动（简称"减负行动 1.0"），直指"表格多、报销繁、检查多"等突出症结。在此基础上，2021 年，启动"减负行动 2.0"，针对科技成果转化、科研人员保障激励、新型研发机构发展等方面暴露出的一些问题，再次发力。"减负行动 2.0"相关做法被国家科技体制改革和创新体系建设领导小组办公室作为典型经验进行宣传推广。二是在科研服务上做"加法"：开展赋予科研人员职务科技成果所有权或长期使用权试点工作，在全国创新提出"区、校、院"试点布局，共收集试点单位参与"两权"改革的科技成果 460 余项；提高成果转化收益分配比例，探索对创新人才实行股权、期权、分红等激励措施，为科学家撑腰，让创新者"名利双收"。三是在科研效能上做"乘法"：探索"揭榜挂帅""赛马制"等新型项目组织方式，把发展中遇到的"卡脖子"技术问题梳理成榜单，面向全社会发布"英雄帖"，能者上、智者上、谁有本事让谁上。通过对接洽谈，已有39个项目揭榜，总金额4.79亿元。在体制机制改革的"动能"激励下，科技创新能力和水平的"势能"不断提升，更多的科技成果"从书柜走向货柜"，更多的技术项目在全省落地开花。2021年，全省专利授权9.7万余件，比2012年增加8.9万件，增长11.1倍；技术市场合同成交金额414亿元，比2012年的39.8亿元增长9.4倍；万人发明专利拥有量5.11件，比2015年增长3.3倍。

2. 促进经济发展方式转变

"三去一降一补"深入推进，着力推进供给侧结构性改革，加快改造传统产业，主动淘汰落后产能。在化解过剩产能上，江西涉及钢铁、煤炭、建材、有色、石化等行业，其中以钢铁、煤炭为主。钢铁方面，2016年，全省退出粗钢产能433万吨、生铁产能50万吨，"五年任务，一年完成"，获国务院通报表扬。煤炭方面，江西于2017年超额完成原定"十三五"任务后，又超额完成主动调增的目标任务，截至2020年底，累计关闭煤矿466处，退出煤炭产能2826万吨，分别完成"十三五"总目标任务的106.6%和106.9%。降成本方面，自2016年以来江西出台180多条惠企新政，累计为企业减负超9000亿元，助力广大中小企业纾困解难。

打造国企改革"江西样板"是中央赋予江西的重要任务。党的十八届三中全会以来，江西以确立企业市场化主体地位、推进混合所有制改革、实施市场化战略重组等为主要内容进行国企改革，成果丰硕、成效显著。在全国率先实现省属国有企业经理层成员任期制和契约化管理全覆盖，三项制度改革实现更深层次破局，剥离国有企业办社会职能在全国率先完成，混合所有制改革形成江西特色，董事会"应建尽建"和董事会职权得到有效落实，党委（党组）把方向、管大局、促落实作用更加凸显，中国特色现代企业制度更加成熟定型。江西被中共中央宣传部、国务院国有资产监督管理委员会列为国企改革5个重点宣传省市之一，连续三年在全国国有企业改革座谈会上进行典型经验交流，国企改革三年行动连续两次获评A级，走在全国前列。持续深化改革推动了国企高质量发展，2021年，全省国有企业营业收入历史性突破万亿元大关，达到11394.7亿元，是2012年的3倍。

金融体制改革创新提质。近年来，江西着力推动金融服务实体促发展，调整结构补短板，深化改革增活力，化解风险保稳定，不断提升金融治理体系和治理能力现代化。绿色金融改革走在全国前列，自2017年赣江新区被确定为绿色金融改革创新试验区以来，共推出创新成果55项，其中7项为全国首单首创，5项被列入国家生态文明试验区改革举措和经验做法推广清单，2020年江西绿色金融发展指数在全国排名第4，跻身"第一梯队"。普惠金融改革开启新局面。赣州市、吉安市国家级普惠金融改革试验

2018 年，江西出台《关于加快推进企业上市的若干措施》，明确提出实施企业上市"映山红行动"。图为 2020 年 12 月 26 日，以"聚焦映山红行动·致敬资本市场 30 年"为主题的 2020 江西资本市场高质量发展论坛在南昌举行（邱业成　摄）

区获批，2020 年末，全省小微企业贷款余额 8546.8 亿元，比 2015 年翻一番；至 2021 年 10 月，全省涉农贷款余额 1.55 万亿元，比 2015 年翻一番，建立农村普惠金融服务站 4958 个。"映山红行动"打造新名片。自 2018 年启动推进企业上市"映山红行动"以来，江西新增 40 家上市公司，2021 年总数突破 100 家，是中部第 2 个实现 A 股上市公司设区市全覆盖的省份。地方金融监管迈出新步伐。2020 年 11 月，《江西省地方金融监督管理条例》颁布实施，江西成为中部第 1 个、全国第 9 个出台地方金融监管法规的省份。服务实体经济取得新突破。2021 年，企业直接融资首次突破 5000 亿元，"险资入赣"创历史新高；金融机构各项贷款余额 47173 亿元，同比增长 13.2%，增速居全国第 9、中部第 1，比 2012 年末增长 3.3 倍，为实现"十四五"良好开局提供了强力支撑。

3. 推动营商环境优化升级

营商环境是区域经济发展的核心竞争力，"放管服"改革是转变政府职能、营造良好营商环境、放开搞活市场的关键所在。江西扎实推进"放管服"改革，政府治理效能和政务服务满意度有效提升，营商环境优化升级按下"快进键"。

2016 年开始，全省上下围绕打造政策最优、成本最低、服务最好、办事最快的"四最"营商环境目标，纵深推进各项改革举措落地落实，各地各部门实招新招亮点频出。"信息多跑路，企业少跑腿"。从 2015 年的"三证合一"到"39 证合一"，从"一照一码"到"一照含证"，

"赣服通"宣传海报

企业开办时间减至 1.5 个工作日以内。"一枚印章管审批"。先后多批次在市、县、开发区开展相对集中行政许可权改革试点，组建行政审批局，实行"一枚印章管审批"，南昌创新的"六多合一"集成审批模式，被住房和城乡建设部作为改革典型全面推广。打造江西政务服务新品牌。江西在全国率先推行延时、错时、预约服务，"赣服通""赣政通""政务服务365 天'不打烊'"成为响亮品牌，网上中介服务超市率先开启

2021 年 9 月，国内首个报网端融合、政企媒互动的营商全媒体平台——江西营商全媒体平台上线

"一网选中介"服务新模式并成为全国先进。其中，"赣服通"自 2018 年 11 月上线以后，在两年半的时间里经历了从 1.0 版到 4.0 版的迭代升级，覆盖超六成江西人口，近 7000 项政务服务事项实现"手机一开，说办就办"，服务能力位居全国同类移动政务服务平台前列。以"赣服通"建设为牵引的"放管服"改革持续深化，全省营商环境进一步优化，在 2021 年"万家民营企业评营商环境"调查中，江西营商环境满意度列全国第 11 位，较上年跃升 7 位。2021 年全省新登记各类市场主体 128.9 万户，同比增长 26.1%。

2022 年新年伊始，江西把营商环境优化升级作为"一号改革工程"，全面打响了"江西办事不用求人、江西办事依法依规、江西办事便捷高效、江西办事暖心爽心"的营商环境品牌。全省上下大力倡导树立"我就是江西的形象、我要为江西增光添彩""江西发展我受益、我为发展尽全力"的意识，大力实施新一轮优化提升营商环境攻坚行动，全面提升服务企业的能力水平。一季度，营商环境便利度进一步提升，企业开办全流程一日办结率达95%，8个设区市和赣江新区实现开办零成本；市场主体获得感进一步增强，降本增效"30条"、助企纾困"28条"等惠企政策相继出台并落地见效，为企业减负353.9亿元，办理税费缓缴65.2亿元，发放创业贷款45.1亿元。在重重压力下，市场主体实现逆势高速增长，新登记各类市场主体25.5万户，同比增长52.6%。

（三）内陆双向开放实现高水平

习近平总书记用"东西南北，左右逢源"概括了江西的区位优势，要求江西充分利用毗邻长珠闽的区位优势，主动融入"一带一路"，积极参与和服务长江经济带发展战略，对接长三角、粤港澳大湾区，以大开放促进大发展。省委、省政府坚决贯彻习近平总书记重要指示精神，以"不以江西为世界，而以世界谋江西"的宏大视野加速扩大开放，主动服务和融入新发展格局，加快把"四通八达"的区位优势转化为"四面逢源"的经济优势和发展胜势，全力打造高水平对外开放新高地。

1. 统筹规划开放格局

2013年，省委十三届七次全会提出打造具有江西特色的开放

繁忙的九江港（杨继红　摄）

型经济升级版，以新一轮大开放促进新一轮大发展。2016年，《中共江西省委　江西省人民政府关于深入贯彻开放发展新理念构建全面开放新格局的意见》《江西省开放型经济"十三五"发展规划》及多个配套文件印发，通过"2+N"一揽子文件框架对全省开放发展进行"顶层设计"。2018年，"开放提升"被列入省委24字工作思路，扩大开放被提升到了一个新的高度。2020年4月，江

改造一新的南昌昌北机场（谭惠如　摄）

西获批全国第 3 个、中部首个国家内陆开放型经济试验区，内陆腹地变为开放新高地迎来了重大契机。江西开放格局不断拓展，开放平台日益完善，开放通道更加顺畅。

作为国家级"试验田"，江西以体制机制改革为重点，破除制度、观念等制约开放的瓶颈，着力推动贸易和投资更加便利。至 2021 年，已先后复制推广 240 项自贸区改革试点经验，全面实施 217 项；加快推进国际贸易"单一窗口"建设，国家标准版"单一窗口"报关、报检、综合覆盖率均达 100%，是全国首个达到"三个 100%"的省份；实施口岸"三同"试点、"不见面"审批、货主"不到场"查验等举措，创新推广"船边直提"和"抵港直装"，全省各业务现场实现 7×24 小时全天候通关。口岸物流时效提升 60% 以上，运输成本降低 40% 以上，运输时效提升 50% 以上，出口通关时间降至 0.28 小时，通关效率为中部第 1。口岸进入发展快车道，建设了 4 个国家开放口岸，形成高效便捷的集疏运体系。其中，南昌昌北机场航空货邮吞吐量由 2012 年的 4.5 万吨，增长到 2021 年的 17.3 万吨，总量由全国机场第 35 位提升到第 20 位，前移了 15 位；九江港货物吞吐量从 2012 年的 4827 万吨，增长到 2021 年的 1.5 亿吨，在中部省份 20 个内河港口中排名第 1；赣欧班列从 2012 年仅有 1 条路线，到 2021 年通达 11 个国家和 26 个城市，全年开行 401 列。内外联动、南北互济、辐射全球的口岸发展格局初步形成。口岸通道提能升级，为开放型经济提质扩容打下了坚实基础。

2. 全面融入国家战略

全面参与"一带一路"建设。加快构建连接"一带一路"的立体化通道，至 2021 年，共打造 9 条赣欧货运班列、5 条铁海联运线路，开通了 200 多条国内外客货运航线。赣州国际陆港

2017 年 6 月 1 日，赣州港至吉尔吉斯斯坦班列从赣州港发车（江西画报社　提供）

与深圳盐田港合作首创"跨省、跨关区、跨陆海港"的通关新模式，累计开行中欧（亚）班列超过 1000 列，开行量进入全国内陆港

成立于 1983 年的中国江西国际经济技术合作有限公司，积极参与"一带一路"建设，连续 19 年入选"全球最大 250 家国际承包商"，2022 年度位列第 67 位。图为该公司近年来承建的所在国标志性工程：2018 年 4 月竣工移交、用作该年 APEC 峰会重要会场的巴布亚新几内亚国际会议中心（左）和 2021 年 8 月投入运营、被称作中赞航空业合作标志的赞比亚肯尼思·卡翁达国际机场（右）（中国江西国际经济技术合作有限公司　提供）

第一方阵。"十三五"时期，江西对"一带一路"沿线及相关国家和地区进出口总额年均增长 8.7%，2021 年，进出口总额达到 1424.3 亿元，占全省进出口总值的 28.6%；江西企业累计在国外承建"江西路"超 6000 公里、各类建筑物总建筑面积超 1000 万平方米，6 家企业入围"全球最大 250 家国际承包商"，数量居全国第 3、中西部第 1。

主动服务和融入长江经济带发展战略。早在 2012 年，湘鄂赣三省就联手提出建设长江中游城市群，形成合作框架，并纳入国家规划。2016 年，江西提出全境融入长江经济带发展战略，制定了发展要点，搭建了长江经济带合作平台，为长江中游城市群建设建立了工作机制。历经十年，长江中游城市群已生机勃发，迎来发展关键期。2022 年 2 月，国务院批复同意《长江中游城市

粤港澳大湾区是江西旅游业重要客源地之一。赣深高铁的开通运营，为江西主推文旅产业对接合作发展带来新机遇。图为 2021 年"红土情深·嘉游赣"粤港澳大湾区（深圳）旅游宣传推介会现场（汪湧　摄）

2021 年江西省对接粤港澳大湾区投资合作推介会的重点合作项目签约仪式（汪湧　摄）

群发展"十四五"实施方案》,要求湘鄂赣三省携手落实主体责任,健全协同机制,形成工作合力,确保各项目标任务落到实处。此外,江西在加快浙赣边际合作"衢饶"示范区建设、推动湘赣边区域合作示范区建设、推进长江沿线省市交流合作等方面也取得了显著成效。

深度融入"长珠闽"经济板块。江西抢抓国家支持沿海地区加工贸易产业向中西部地区转移重大政策机遇,加强承接"长珠闽"产业转移。2016 年,省委、省政府印发《江西省深度融入"长珠闽"经济板块行动计划》,进一步加大对沿海地区的开放力度。2020 年,省政府印发《关于支持赣州打造对接融入粤港澳大湾区桥头堡的若干政策措施》,全力推进赣州打造成为对接融入粤港澳大湾区的桥头堡。多年来,"老区"与"湾区"形成了良好的"双区"联动,取得了丰硕成果,2013 年至 2019 年,江西共引进广

2021 年第三届世界赣商大会开幕式现场（汪湧　摄）

东投资 1.34 万亿元，占全省引进省外资金的 25.9%，广东常年居江西利用省外资金第 1 位。2021 年 12 月赣深高铁开通后，江西省对接粤港澳大湾区投资合作推介会在深圳举行，会上共签约项目 94 个，引进投资 2367.5 亿元，这是江西连续 20 年在大湾区举办经贸合作活动。

江西还坚持"走出去""引进来"并重，连续举办江西省与跨国公司（上海）合作交流会、世界 VR 产业大会、世界赣商大会、南昌飞行大会，持续推进央企、民企、外企"三企入赣"，面向寓外乡友、校友、战友开展"三请三回"等一系列重大招商合作活动，举办外交部江西全球推介活动，展现新气象，推动新发展。

经过努力，江西开放合作达到新水平。全省拥有 19 个国家级开发区、4 个综合保税区、5 个跨境电商综合试验区，开放平台数量在中部地区名列前茅。在平台引领下，开放型经济实现总

2019 年 5 月 18 日至 20 日，第十一届中国中部投资贸易博览会在南昌盛大开幕。大会吸引了 97 家境外世界 500 强企业和跨国公司，参会规模创历史新高（汪湧　摄）

2021 年 10 月 29 日至 31 日，中国航空产业大会暨南昌飞行大会的展览吸引了众多市民群众到现场观看（南昌高新区管委会　提供）

量增长、结构优化。2021年与2012年相比，全省货物贸易进出口总额由2108.63亿元增至4980.4亿元，增长136%，在全国占比由0.86%提升至1.27%，外贸依存度达16.8%，位列中部第1，外贸进出口成为促进双循环的主力军；实际利用外资由68.24亿美元增至157.8亿美元，增长了131%，利用外资总量稳居中部前列；对外承包工程完成营业额41.2亿美元，增长124%，总量由全国第14位上升到第9位，前移了5位；落户江西的世界500强企业增加到212家，对外贸易伙伴扩展到227个国家和地区，国际"朋友圈"不断扩大。

第二章

深入推进高质量跨越式发展，
富裕江西夯实"基本盘"

　　全面建成小康社会，经济发展是基础。江西是著名的革命老区，"发展不充分仍然是江西的主要问题"。党的十八大以来，江西牢记习近平总书记的殷殷嘱托，坚决扛起"作示范、勇争先"的使命责任，以"慢走一步，差之千里"的紧迫感，立足新发展阶段，贯彻新发展理念，服务和融入新发展格局，加快推进经济高质量跨越式发展。2012 年至 2021 年，全省经济实力大幅提升，主要经济指标增速连年位居全国第一方阵，地区生产总值由 1.28 万亿元上升到 2.96 万亿元，总量由全国排名第 19 位前移至第 15 位，人均生产总值由跨入 4000 美元门槛到突破 1 万美元大关，在全国排位由第 25 位上升到第 15 位，稳步达到中等偏上收入国家（地区）水平；全省城镇、农村居民人均可支配收入分别由 20085 元、8103 元增加至 41684 元、18684 元，分别增长 1.1 倍、1.3 倍；历史性地解决了区域性整体贫困和群众绝对贫困问题，全面建成小康社会的宏伟目标胜利实现，在全国构建新发展格局中位势进一步提升。共同富裕的物质基础牢牢夯实，革命老区在新的历史起点上开启了全面建设社会主义现代化的新征程，老区人民充满自信地迈出了全面建设富裕江西的坚实步伐。

（一）树起脱贫攻坚第一面红旗

党的十八大以来，江西肩负着"在脱贫攻坚中领跑""决不能让老区群众在全面建成小康社会进程中掉队"的重任和要求，全省上下以贫困不除愧对历史的责任担当、不获全胜决不收兵的坚定意志，坚持把脱贫攻坚作为最大政治责任、首要民生工程，深入实施精准扶贫、精准脱贫战略，勠力同心、尽锐出战，井冈山在全国率先脱贫、赣南老区脱贫攻坚取得决定性胜利后，江西与全国同步夺取了脱贫攻坚战全面胜利。

1. 脱贫攻坚进入第一方阵

在江西全省 100 个县（市、区）中有原中央苏区和特困片区县（市、区）58 个，截至 2013 年底还有建档立卡贫困人口 346 万人。2013 年至 2014 年，全省认真贯彻落实新一届中央关于加强扶贫开发的重要指示和《关于创新机制扎实推进农村扶贫开发工作的意见》精神，紧紧围绕《江西省农村扶贫开发纲要（2011—2020 年）》总体部署，大力推动扶贫开发和水库移民管理，贫困人口由 346 万人降至 276 万人，下降约 20%，贫困发生率由 9.2% 下降至 7.7%，降幅分别高于全国 2 个百分点和 0.2 个百分点。

"十三五"时期是脱贫攻坚的决胜时期。2015 年末，全省仍有 200 万贫困人口、25 个国家和省定贫困县，贫困面积大，贫困人口致贫原因复杂，脱贫难度大。越是困难，越要迎难而上。2016 年 1 月，《江西省国民经济和社会发展第十三个五年规划纲

遂川县易地搬迁扶贫试验区——"梦想安居家园"小区，共建设安置房49栋1296套，并配备建设了中小学校、商贸市场、社区中心等（徐铮　摄）

要》提出要把江西打造成"脱贫攻坚新样板"；5月，《关于坚决打赢脱贫攻坚战的实施意见》印发，谋划了"十三五"时期全省脱贫攻坚"一二三四十"（"一"是紧紧咬住一个目标，层层分解落实任务，到2020年，进一步巩固发展精准脱贫攻坚成果，稳定实现农村贫困人口不愁吃、不愁穿，义务教育、基本医疗和住房安全有保障，即"两不愁三保障"，把江西打造成为全国脱贫攻坚样板区；"二"是正确处理好脱贫攻坚与区域发展、开发扶贫与保障扶贫两大关系，实施精准扶贫方略；"三"是建立健全脱贫攻坚考核机制、精准脱贫退出机制和扶贫资金投入管理三大机制，发挥政策导向作用；"四"是构建完善政策支撑、组织保障、大数据平台、社会帮扶四大体系，提供坚强有力保障；"十"是围绕全省产业脱贫、保障脱贫、安居脱贫三大攻坚战，着力实施产业发展扶贫、就业扶贫、易地搬迁扶贫、危旧房改造、村庄整治、基础设施建设扶贫、生态保护扶贫、社会保障扶贫、健康扶贫、教育扶贫十大扶贫工程）的工作思路。以习近平总书记视察江西重要讲话精神和中央扶贫开发工作会议精神为指导，江西把脱贫攻坚作为"第一民生工程"来抓，在时间上领先、在模式上创新、在成效上突破，至 2016 年底，年初制定的 70 万人脱贫、500 个贫困村退出的目标超额实现。

2017 年 2 月，井冈山在全国率先脱贫摘帽，树起全国脱贫攻坚第一面红旗，极

通过公开摇号拿到"梦想安居家园"小区新房钥匙的贫困户张宏发和老伴黄润香非常开心（徐铮　摄）

2016 年全国脱贫攻坚奖奋进奖获得者廖秀英，在瑞金开创"廖奶奶咸鸭蛋"品牌，带动周边贫困户致富（江西画报社　提供）

大型实景演出《井冈山》作为井冈山文化旅游的一张响亮名片，十年来常演不衰，优先吸纳当地贫困人口参与演出，为 700 余人提供就业（敖玉龙　摄）

大鼓舞了全省打赢脱贫攻坚战的信心和决心。5 月，省委、省政府带头落实主体责任，成立脱贫攻坚整改工作领导小组，省委书记、省长任组长，构建形成省、市、县、乡、村五级书记直接抓、部门行业合力扶、扶贫单位倾心帮、驻村干部和基层党员干部结对包，横向到边、纵向到底、各负其责的攻坚格局。年底，全省 1690 个贫困村脱贫退出。在 2017 年国家脱贫攻坚成效考核中，江西获得好评，脱贫攻坚质量和成效开始进入全国第一方阵。

党的十九大明确把精准脱贫作为决胜全面建成小康社会必须打好的三大攻坚战之一，作出新的部署。2018 年 9 月，省委、省政府出台《关于打赢脱贫攻坚战三年行动的实施意见》，绘就了决战决胜脱贫攻坚的时间表、路线图，确保 2020 年全省脱贫质量和成效位居全国第一方阵。全省坚持合力攻坚，构建了"党政主导、部门齐抓、社会参与、党建引领、镇村联动"的大扶贫工作格局，汇聚了澎湃力量。至 2019 年，全省 18 个贫困县摘帽，剩余 7 个贫困县也达到摘帽条件；387 个贫困村脱贫退出，贫困发生率降至 0.27%，全

广昌县贫困户高长林喜领 "脱贫光荣证"
（江西画报社　提供）

省贫困人口 "两不愁三保障" 问题基本得到解决。习近平总书记在 2019 年 5 月视察江西时指出：江西脱贫攻坚成效明显，赣南苏区脱贫攻坚取得决定性胜利。全省人民深受鼓舞。

　　2020 年是全面打赢脱贫攻坚战收官之年。江西深入学习贯彻

　　2018 年 8 月 14 日，莲花县坊楼镇甘家村种莲大户甘金裕的莲花基地荷花绽放、莲子丰收，老表喜摘莲蓬（梁振堂　摄）

习近平总书记在决战决胜脱贫攻坚座谈会上的重要讲话精神，全面对标对表党中央决战决胜脱贫攻坚重大战略部署，严格落实贫困县"四个不摘"和非贫困县"四个不减"要求，有力应对新冠肺炎疫情和鄱阳湖流域超历史大洪水，坚决打赢疫情影响脱贫攻坚的阻击战、全面完成脱贫任务的歼灭战、聚力攻克重点堡垒的攻坚战、深入推进减贫工作持久战。4月26日，经过最严格考核评估，最后一批7个贫困县宣布摘帽退出。至此，全省25个贫困县（市、区）全部脱贫退出。

2021年1月召开的省十三届人大五次会议宣布，2020年，全省剩余9.6万贫困人口全部脱贫，25.58万城镇贫困群众脱困退出，35.4万存量对象全部纳入兜底保障，区域性整体贫困和群众绝对贫困问题得到历史性解决。

2014年余干县洪家嘴乡黄岗村村干部带头养殖鳝鱼，之后在全村大力推广"鱼鳝混养、鳝草共生"的生态养殖模式。鳝鱼养殖成为当地振兴农村经济的支柱产业之一（彭卫东　摄）

于都县梓山镇潭头村通过大力发展蔬菜产业实现脱贫致富（江西画报社　提供）

瑞金市叶坪乡洋溪村就业扶贫车间（江西画报社　提供）

　　经过 8 年接续奋战，江西如期完成新时代脱贫攻坚目标任务，取得全面胜利。全省贫困地区农民人均可支配收入从 2012 年的 5419 元增至 2019 年的 11767 元，年均增幅 11.5%；贫困户人均收入由 2014 年的 2654 元增至 2020 年的 12626 元，年均增幅

百县联动丰收大直播向全国推广扶贫农产品（陈影　摄）

　　瑞金市叶坪乡山岐村赣商爱心卫生计生服务室于 2017 年建成，覆盖全省各村的卫生室，为健康扶贫提供了保障（江西画报社　提供）

30%。2018 年至 2020 年，江西在全国脱贫攻坚成效考核中先后获"较好""好""好"等次，财政专项扶贫资金绩效评价连续四年获"优秀"等次。江西兑现了向党中央签订的"军令状"、向人民立下的"承诺书"，交出了一份优秀的脱贫攻坚"成绩单"。

2019年8月12日晚,兴国县长冈乡精准扶贫帮扶干部夜访贫困户张明贤(江西画报社　提供)

吉安县大冲乡大冲村第一书记在贫困户家中辅导孩子学习英语(江西画报社　提供)

脱贫攻坚的胜利离不开广大一线帮扶干部倾心帮扶和全体建档立卡贫困户的奋发奋进。8年来，全省累计选派驻村干部8.96万人，有省市县三级12481个定点帮扶单位30.2万名结对帮扶干部奋战在扶贫一线，其中60人献出了宝贵生命。2021年2月25日，全国脱贫攻坚总结表彰大会举行，江西的鲍峰庭等54名同志、赣州市扶贫办等39个集体分别获评"全国脱贫攻坚先进个人""全国脱贫攻坚先进集体"，瑞金市叶坪乡获"全国脱贫攻坚楷模"荣誉称号。邓明等841名同志、赣州市纪委市监委机关等396个集体在6月23日召开的全省脱贫攻坚表彰大会上分别被授予"江西省脱贫攻坚先进个人""江西省脱贫攻坚先进集体"称号。

2. 乡村振兴巩固脱贫成果

2021年，在中国共产党成立100周年之际，江西与全国同步全面建成小康社会。站在新生活、新奋斗的起点上，江西继续弘扬脱贫攻坚精神，统筹推进巩固拓展脱贫攻坚成果同

江西脱贫攻坚成就展在省展演中心长期展出（汪湧　摄）

乡村振兴有效衔接，着力打造新时代乡村振兴的样板之地。

2021年1月，省十三届人大五次会议表决通过《江西省乡村振兴促进条例》。该条例自3月1日起施行，是全省第一部由省

井冈山神山村乡村旅游迅速崛起后，村貌焕然一新（曾博文　摄）

宁都，昔日的贫困县，今日的新画卷（曾博文　摄）

上栗县赤山镇幕冲村采取"合作社 + 资金 + 劳动力"等模式，成立金丝皇菊专业种植合作社，种植近 2000 亩金丝皇菊、水果玉米等特色农产品，有力促进了乡村振兴。图为村民正在金丝皇菊基地开展直播带货活动（邓建萍　摄）

人民代表大会审议的实体性法规，明确了江西实施乡村振兴战略的体制机制、政策体系、要素保障，为全面推进乡村振兴提供了坚强有力的法治保障。

为扎实推进乡村振兴，江西有序实施扶贫机构改革和职能调整，全省三级扶贫机构全部转为乡村振兴部门，各级党委、政府把推进乡村振兴作为"一把手工程"，坚持五级书记一起抓；将 100 个县（市、区）分为先行示范县、整体推进县、重点帮扶县，分类指导推进；选择 1841 个村作为"十四五"省定乡村振兴重点帮扶村，统筹资金、项目、政策等倾斜支持；继续选派驻村第一书记和工作队，全面推进乡村振兴联系点制度……一系列新工作机制形成并完善，使乡村振兴之路走得更快更稳。

　　脱贫攻坚战胜利后，防止出现返贫和致贫，成为工作的重中之重。2021年，按照"不落一户、不漏一人"要求，全省对所有农户义务教育、基本医疗、住房安全等13类问题开展全面排查，开放运用防返贫监测系统，对监测对象快速发现、及时预警，全省累计动态识别监测对象3.3万户11.5万人，至年底66.3%已消除返贫致贫风险。同时拓宽就业渠道，加强技能培训，完善"就业帮扶数据分析系统"，全省脱贫劳动力实现就业135.2万人，比2020年增加4.3万人。

　　黎川县整合多方资源打造油画产业，投资兴建集油画创作、展览、销售、艺术交流及相关绘画用品销售为一体的县油画创意产业园，免费为画师提供店面和培训、参展等系列服务，吸引了大批黎川画师返乡创业。图为青年画家在黎川县油画创意产业园进行创作（海波　摄）

有效衔接固成果，接续奋斗创佳绩。2021年，全省脱贫人口人均纯收入达到14391元，同比增长14%。在全国巩固拓展脱贫攻坚成果同乡村振兴有效衔接座谈会和全国脱贫人口稳岗就业工作会上，江西均作了典型发言，巩固拓展脱贫攻坚成果的"江西模式"获得肯定。

（二）红土地上的新崛起

进入新时代以来，江西立足新发展阶段，持续实施扩大内需战略，强投资、扩消费、促流通；始终坚持把发展经济着力点放在实体经济上，振工业、优农业、壮服务业，三次产业结构由2012年的11.2：53.8：35.0优化为2021年的7.9：44.5：47.6，实现从"二三一"到"三二一"的转折性变化。经济发展动能强，量质双升活力足，革命老区以开拓进取的精神在红土地上书写了经济高质量跨越式发展的新答卷。

1. 狠抓项目扩内需

投资不足是江西的一块突出短板，项目建设是补短板利长远的关键。全省各地各部门牢固树立"项目为王"的理念，狠抓重大项目建设，重大项目数量不断增加，工程有序推进，投资持续平稳增长，为经济的长远健康发展积蓄了更多向好向上的能量。"十三五"时期，全省实施亿元以上重大项目5760项，较"十二五"增加760多项，全省固定资产投资年均增长11.8%，较全国平均水平高出5.1个百分点，特别是2020年，江西以"项目提速年"

为契机，推动投资同比增长 8.2%，投资增速居全国第 5，中部第 2。2021 年，全省大力推进"项目大会战"，固定资产投资同比增长 10.8%，增速较全国平均水平高出 5.9 个百分点。重大项目越来越多，2018 年以来主攻"5020"重大项目，至 2021 年底，累计引进"5020"项目 437 个，103 个开发区首次实现"5020"项目全覆盖，投资总额达 1.36 万亿元。

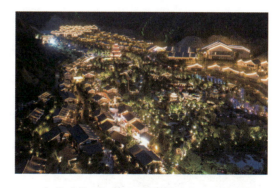

夜幕降临，铅山县葛仙村度假区灯光璀璨、古韵十足（王祺　摄）

铅山县葛仙村度假区内举办的音乐节吸引了众多游客前来（王祺　摄）

自 2015 年起，全省固定资产投资增速连续 7 年超过地区生产总值增速，为稳增长起到了压舱石作用。

在狠抓项目建设的同时，江西大力拉动消费促内需，出台促进消费的系列政策。2019 年以来深入开展促进商贸消费升级三年行动，不断增强消费对经济发展的拉动作用，全省社会消费品零售总额从 2012 年的 4027.2 亿元增长到 2021 年的 1.22 万亿元，增长 203%，总量由全国第 22 位上升到第 15 位，前移了 7 位，在全国占比由 1.91% 提升至 2.77%。特别是 2020 年以来，江西

2022年，江西推出"百城百夜"文化和旅游消费季活动。图为该活动中面向全国首发的江西首套5张"数字文创纪念票"

统筹疫情防控和经济社会发展，大力推进线上线下消费深度融合，发展消费新业态新模式，社会消费品零售总额2020年突破1万亿元，增速位列全国第2、中部第1；2021年，全省社会消费品零售总额达12206.7亿元，增长17.7%，增速创10年内最高，消费对经济增长的贡献率达到52%以上；监测全省网络零售额达1926亿元，增长24.3%，增速高出全国10.4个百分点。全省社会消费品零售总额和网络零售额增速稳居全国前列，实现了人安全、商贸旺、消费热。以消费为主体的第三产业成为经济增长第一拉动力。

2. 聚焦优势亮品牌

为深入实施工业强省战略、"2+6+N"产业高质量跨越式发展行动计划，江西创新实施产业链链长制，省委、省政府主要领导率先垂范，多位省领导兼任 14 条重点产业链链长，整合力量通堵点、接断点、强弱点，增强了产业链韧性和竞争力，工业主要指标加速挺进全国中上游，新兴工业大省基本建成。产业集群发展强劲，2021 年，全省主营业务收入突破千亿元的产业达 13 个，比 2012 年增加 8 个。其中，有色金属产业营业收入超 7000 亿元，稳居全国第一；电子信息产业超 6600 亿元，居中部第 1、全国第 7；装备制造突破 5000 亿元；医药、航空产业双超 1300 亿元。企业实力持续增强，江铜集团连续 10 年跻身世界 500 强，江铃汽车集团有限公司（简称江铃集团）和新余钢铁集团有限公司（简称新钢集团）营业收入迈入千亿元，百亿元以上工业企业从

江铜集团德兴铜矿是国内现已开采的最大露天铜矿山，年产铜金属约 16 万吨，占全国铜产量的十分之一。图为德兴铜矿废石胶带系统（周智平　摄）

江铃集团新能源汽车生产线（江西画报社　提供）

15 个增加至 42 个；中国稀土集团在赣州成立，全省告别无央企总部历史。工业规模不断壮大，全省规模以上工业企业数量从 2012 年的 6773 家增加至 2021 年的 15142 家，十年间净增 8369 家；全部工业增加值从 2012 年的 5889.2 亿元增长到 2021 年的 10773.4 亿元，居全国第 13 位，进入全国工业"万亿俱乐部"，成为江西迈进新兴工业大省行列的重要标志；规模以上工业企业营业收入相继完成 2 万亿元、3 万亿元、4 万亿元"三级跳"，2021 年达到 43976.7 亿元，居全国第 12 位；规模以上工业企业利润达到 3122.4 亿元，居全国第 11 位。工业主要指标的

吉安稻田一派丰收景象（江西省农业农村厅　提供）

九江凯瑞生态农业开发有限公司万亩稻渔综合种养基地被农业部授予国家级
稻渔综合种养示范区（梁振堂　摄）

全国排位均创历史最佳水平。

　　作为全国 13 个粮食主产区之一，江西省委、省政府始终把
"三农"工作作为重中之重，大力推进现代农业强省建设。粮食
主产区地位进一步巩固，至 2021 年累计建设高标准农田 2622.7

在南丰县车磨湖旁的橘山上，金灿灿的南丰蜜橘挂满枝头，满载蜜橘的船只
在湖面上往来穿梭（李劼　摄）

万亩，占耕地总面积的 64.3%，粮食总产量达到 438.5 亿斤，连续 9 年稳定在 430 亿斤以上，为端稳"中国饭碗"贡献了江西力量。农业产业化发展深入推进，粮食、畜牧、水产、果蔬产业规模超千亿元，茶叶、中药材、油茶产业超百亿元，其中油茶产业 2021 年总产值达到 416 亿元，油茶面积、产量、产值均居全国第 2 位；农业总产值自 2016 年历史性突破 3000 亿元之后，2021 年达到 3998.1 亿元。农业品牌化建设提升竞争力，全省 10 个地理标志产品入选 2020 年全国区域品牌百强榜，赣南脐橙连续 7 年稳居水果类区域品牌全国榜首，品牌价值已达 681.85 亿元；全域农产品品牌"赣鄱正品"正式发布,进一步提升了全域品牌竞争力；越来越多的江西农产品走向全国，江西省绿色有机地理标志农产品数量达 4413 个，其中有机产品 2996 个，居全国第 3 位。

江西名茶享誉天下

江西大力发展现代服务业，服务业在三次产业中的比重明显上升，2019 年首次超过第二产业，2020 年金融业增速居各行业首位，2021 年全省服务业增加值达到 14102.2 亿元，对 GDP 增长贡献率为 52.3%，比 2012 年增加近万亿元，提高 23.9 个百分点。特别是江西红色、古色、绿色旅游资源丰富，自 2013 年省委、省政府提出旅游强省战略以来，江西着力推动从旅游大省向旅游强省转变，5A 级景区总数从 2012 年的 3 家发展到 14 家，"江西风景独好"品牌逐步唱响全国。全省旅游品牌体系进一步完善，以井冈山、南昌、瑞金、安源为代表的红色旅游品牌，以庐山、三清山、龙虎山为代表的山岳旅游品牌，以婺源、大余丫山为代表的乡村旅游品牌，以景德镇为代表的陶瓷文化旅游品牌，以庐山西海、仙女湖为代表的亲水旅游品牌，竞相争艳，旅游强省建

　　江西是全国红色旅游的策源地，也是全国红色旅游的主要目的地之一。图为"万山红遍　重上井冈"2021 中国红色旅游博览会开幕式现场（曾博文　摄）

　　由旧厂房改造而成的景德镇陶溪川陶瓷文化创意园，是全国首座以陶瓷文化为主体的一站式文化休闲娱乐旅游体验创意园区，涵盖了各类艺术工作室、餐饮、商务酒店会所、休闲剧场、博物馆、特色精品街、主题客栈、百货商场等业态（郭晶、敖玉龙　摄）

设实现了跨越式发展。新冠肺炎疫情发生以来，江西科学应对、主动作为，2020年、2021年分别接待游客5.57亿人次、7.43亿人次，旅游收入5424亿元、6769亿元，主要指标位列全国第一方阵，实现了旅游业平稳发展。

　　同时，江西省委、省政府深入学习贯彻习近平总书记关于非公有制经济"两个毫不动摇""三个没有变"等重要论述精神，先后出台《中共江西省委　江西省人民政府关于大力促进非公有制经济更好更快发展的意见》《新时代江西省非公有制经济五年发展规划（2019—2023年）》等打破壁垒的政策性文件，全力支持非公有制经济高质量跨越式发展；省委书记、省长亲自主持

自 2014 年起，江西每年召开一次全省旅游产业发展大会，由设区市轮流申办。图为 2020 年江西省旅游产业发展大会"客来客往·云游江西"主题推介会（黄曦洪、宋靖　摄）

在 2020 年 11 月举办的第二届江西"生态鄱阳湖·绿色农产品"博览会上，参展商向采购商详细介绍有机农产品（曾博文　摄）

召开相关座谈会、协商会，出席全国知名民营企业助推江西高质量跨越式发展大会、省非公经济表彰会等；开展"万名干部进万企""百家银行进千企"现场对接；等等。这些政策举措有力推动了全省非公有制经济发展，与 2012 年相比，2021 年全省非公有制经济增加值由 7246 亿元增加至 18331 亿元，占全省生产总值的比重由 56% 提高到 61.9%，上缴税金由 1164 亿元增至

3037.6 亿元，占全省税收总额的 79.4%，效益税收协同增长。

（三）融合共进协调发展

实施区域协调发展战略是有效应对发展不平衡不充分的一把金钥匙。党的十八大以来，江西省委、省政府立足省情谋长远，以融合共进为路径推进城乡区域协调发展，加快构建协调联动、各具优势、竞相发展的新格局，取得阶段性成果。

1. 注重区域协调发展

进入新时代以来，省委、省政府坚持区域协同，调整战略部署，区域发展空间布局逐步优化，区域协调发展实效显著。从2012 年省委提出构筑"龙头昂起、两翼齐飞、苏区振兴、绿色崛

南昌夜景（李智维　摄）

起"的区域发展格局，到 2018 年省委针对全省区域发展不平衡不充分仍然比较突出，龙头核心的引领带动力还不强，区域协调发展机制还不完善等实际情况，决定从战略上进行调整优化，提出了打造"一圈引领、两轴驱动、三区协同"的新区域发展战略（以融合一体的大南昌都市圈为引领，以沪昆、京九高铁经济带为驱动轴，以赣南等原中央苏区振兴发展、赣东北开放合作、赣西转型升级为三大协同发展区，形成层次清晰、各显优势、融合互动、高质量发展的区域发展新格局），全省区域协调发展格局不断优化。2021 年省第十五次党代会强调，要优化完善"一圈引领、两轴驱动、三区协同"区域发展格局，推动区域经济高质量发展。为落实省第十五次党代会精神，2022 年上半年，省委、省政府相继召开全省深入实施强省会战略推动南昌高质量跨越式发展大会、推动赣江新区激发活力增强实力大会和赣南等原中央苏区振兴发展战略实施十周年座谈会，对优化完善全省区域发展格局作出了新的部署。在省委、省政府的推动下，"省会强则全省强，省会兴则全省兴"的意识进一步增强；南昌在全省发展格局中具有核心地位、龙头作用，必须先出彩、出重彩逐渐成为共识。近年来，通过打造"一枢纽、四中心"、实现"两个大幅提升"，举全省之力深入实施强省会战略，大南昌都市圈"强核行动"加快推动南昌高质量跨越式发展。南昌市地区生产总值连跨四个千亿级台阶，2021 年 GDP 突破 6000 亿元，达到 6650.5 亿元，在全国省会城市排位提升至第 15 位，GDP 占全省比重 22.5%，带动大南昌都市圈以全省四分之一的面积承载了近一半的经济总量。十年间，在大力推进一圈引领的同时，"两轴驱动、三区协同"也得到同步推进。在高速高铁、国际陆港空港等现代化综合交通运输体系的大力加持下，"交通末梢"的赣南等原中央苏区一跃成为国家物流枢纽；在中科院赣江创新研究院、中国稀土集团等国字号大院大企示范引领下，在有色金属、电子信息、家居制造等千亿产业为代表的 56 个省级产业集群的强势带动下，"经济洼地"的老区生机勃发，地区生产总值占全省比重由 2011 年的 13.4% 提高到 2021 年的 28.6%，赣州、吉安、抚州三市地区生产总值分别是 2011 年的 2.7、2.7、2.5 倍，54 个苏区县（市、区）地区生产总值全部实现十年翻番，城镇居民人均可支配收入和农村人均可支配收入年均增速高于全国、全省年均增长水平，推动革命老区高质量发展示范区建设迈出坚实步伐。2021 年 12 月 10 日，赣深高铁正式开通运营，将赣州至深圳的最快旅行时间由 5 小时 32 分压缩至 1 小时 49 分，助力"苏区 + 湾区"双区联动发展。赣东北、赣西是全省区域发展格局的重要板块，潜力大、活力足。近年来，赣东北坚定改革开放决心、谋求变道超车，加快构建现代产业体系，浙赣边际合作（衢饶）示范区建设纳入国家发展和改革委员会《推动中部地区高质量发展近期工作清单》，2021 年，上饶市规上工业营业收入增速位居全省第 1，实际利用外资增速居全省第 2；赣西加快低碳环保转型、推动绿色崛起，着力打造全省产业转型升级样板区，2021 年，宜春市三次产业比重比全省高出 4.1 个百分点；两个区域凝聚融合互促合力、实现抱团发展，共同开创了区域发展新局面。沪昆、京九高铁（江西段）一纵一横高铁主骨架基本形成，"大十字"形高铁经济发展主轴沿线产业集聚加快推进，全省"一圈引领、两轴驱动、三区协同"发展新格局初具雏形。

2. 探索城乡融合发展

城镇化和乡村振兴互促互生。省委、省政府用好新型城镇化和乡村振兴战略两个抓手，城镇化质量大幅提升，乡村面貌持续改善，城乡融合发展取得了重要进展。近年来，江西农村改革让乡村面貌焕然一新，在全国率先基本完成农村土地承包经营权确权登记颁证，基本完成农村集体产权制度改革整省试点任务，深化农村宅基地制度改革，积极探索农村集体经营性建设用地入市

2014 年 1 月 13 日，11 户农民在安义县农村土地流转服务中心领到了各自的农村土地承包经营权流转使用权证，流转土地面积近万亩，这也是江西首次发放此证（周霖　摄）

鹰潭市余江区平定乡蓝田村农村宅基地改革前后对比

制度，为全面推进乡村振兴打下了坚实基础。2019年12月，鹰潭市入选全国首批11个国家城乡融合发展试验区。两年多来，鹰潭市在余江宅基地制度改革试点取得成功经验的基础上，围绕试验任务开展了大量改革探索。城乡融合发展的条件更加充分，探索城乡融合发展的"江西模式"成为开创城乡融合发展新局面的新任务。

金溪生产的天然芳樟醇、天然樟脑粉产量占全球产量 80% 以上，2017 年主营业务收入突破 100 亿元。图为金溪特色香谷小镇（曾博文　摄）

赣州市南康家居小镇在霞光映衬下，显得格外美丽。该小镇是赣州市南康区为推动千亿家具产业集群由"行销国内"到"买卖全球"而打造的世界家居集散地（史港泽　摄）

上饶市加快城市建设步伐，城市面貌日新月异，荣膺中国十大"秀美之城"称号（徐斌　摄）

城市功能品质更"佳"。江西始终坚持"人民城市人民建、人民城市为人民"的重要理念，大力推进以人为核心的新型城镇化，城市规模不断扩大，城市功能与品质显著提升，城市迈入高质量发展新阶段。2014年6月《江西省新型城镇化规划（2014—2020年）》印发后，各地掀起城镇化建设热潮。2017年以来，江西大力推进城乡环境综合整治、城市功能与品质提升工作，着力整治脏、乱、堵等"城市病"，加快完善城市功能设施，推进智慧城市、生态城市、美丽城市、文明城市建设，走出一条符合城市发展规律、彰显江西特色、顺应人民期盼的城市发展之路。至2021年，城市功能与品质提升三年行动胜利收官，一大批市政基础设施和公共服务项目相继竣工；同时，部省共建城市体检评估机制、推进城市高质量发展示范省建设启动；城市公共服务水平不断提高，城市建成区面积扩大到1703.6平方公里，建成区绿化覆盖率提高到

46.4%，人均城市道路面积增加到 19.8 平方米／人，人均公园绿地面积增加到 14.8 平方米／人；赣州、上饶分获中国十大"心仪之城""秀美之城"。与 2012 年相比，全省城市数量由 30 个增加到 38 个，常住人口城镇化率从 47.4% 提高到 61.5%，年均提高 1.6 个百分点，城镇常住人口由 2139.81 万人增至 2776.4 万人。

农村人居环境更"美"。改善农村人居环境是实施乡村振兴战略的重点任务。近年来，江西大力推进社会主义新农村、美丽乡村建设，扎实开展农村人居环境整治、美丽乡镇建设行动，村镇面貌发生巨大变化，推动农村人居环境由基础整治转向功能品质提升。至 2021 年，农村人居环境整治三年行动任务全面完成，"五定包干"村庄环境长效管护做法得到全国推广，82 个县实现城乡环卫"全域一体化"第三方治理，提前两年、在中部地区第一个通过农村生活垃圾治理国检验收，城乡一体化生活垃圾收运处置

新余市渝水区下保村发展新貌（梁振堂　摄）

体系基本实现行政村全覆盖；提前超额完成"厕所革命"三年攻坚任务，农村厕所普及率 82.8%，农村居住 300 户或 1000 人以上的村庄实现卫生公厕全覆盖；建成村庄污水处理设施 6285 座，自来水普及率达到 85%，安全供水人口 3034 万人；成功创建了美丽宜居乡镇 513 个、村庄 6089 个。农村长期存在的脏乱差局面得到扭转，村容村貌明显改善，江西连续三年获国务院督查激励表彰。产业兴旺之美、自然生态之美、文明淳朴之美、共建共享之美、和谐有序之美的新时代"五美"乡村建设彰显特色。

　　城乡融合交通畅行。发展新格局的初步成形得益于交通运输这一经济发展"先行官"。十年来，江西加大投入，加快建立现代化综合交通运输体系，多层次交通运输网络初步形成，运输服务水平显著提升，群众满意度名列全国前茅，为城乡融合发展、乡村振兴创造了良好的基础条件。铁路方面，高铁实现历史性突

新时代江西这十年

南昌西高铁站（曾博文　摄）

破，沪昆高铁、昌吉赣高铁、赣深高铁、安九高铁等先后建成通车，10年内高铁运营里程超过2000公里，成为全国第4个实现"市市通高铁"的省份。公共交通方面，城市轨道从无到有、交织成网，南昌市地铁开通运营线路4条，运营线路总长度128.6公里，2021年发送旅客2.6亿人次，大大缓解了交通压力，方便了居民出行。民航方面，形成以南昌昌北国际机场为中心，"一主一次五支"民用机场格局，昌北机场跻身千万级枢纽机场行列，瑞金机场加快建设，组建江西航空公司，填补了江西没有本土航空公司的空白。水运方面，全省内河高等级航道里程达到871公里，

2021年12月10日，赣深高铁正式开通运营。赣深高铁北接昌赣高铁，南连广深港高铁和杭深高铁，赣州到深圳2小时内便可抵达，南昌经赣州至深圳的最快铁路旅行时间压缩至3.5小时。赣深高铁的开通，拉近了江西革命老区与深圳特区的时空距离，为推进交通强省建设增添了新引擎。图为赣深高铁开通，游客在信丰的赣南脐橙园和飞驰的列车合影（杨继红　摄）

全国排名第9，形成"两横一纵"高等级航道网，赣江、信江实现三级通航。公路方面，高速公路通车里程由 2012 年的 4260 公里增至 2021 年的 6309 公里，在全国排第 12 位，实现了"县县通"高速；推动"四好农村路"建设，率先实现 25 户以上自然村"村村通"和"组组通"水泥路，农村公路实现提质升级，路网保障能力明显增强；全省高速公路、普通国省道、农村公路高效便捷、衔接顺畅，公路路网水平进入全国先进行列。

2016 年 1 月 29 日，江西航空正式载客运营（邓高正　摄）

南昌地铁 4 号线的安丰站，是南昌地铁唯一一个"中庭车站"。车站装修将南昌故郡与现代科技新城的风貌有机结合，表达传承与发展的和谐共存之美（曾博文　摄）

　　2021 年 9 月 25 日，萍乡至莲花高速公路正式通车。萍莲高速是江西省高速公路史上单公里造价最高、地质条件最复杂、施工难度最大的高速公路项目，全长约 75.294 公里。随着萍莲高速的开通，从莲花县城到萍乡市区，车程由原来的 1.5 小时缩短至 40 分钟，大大改善了赣西区域出行条件，对加快赣西区域经济社会发展具有重要作用。图为正在建设中的萍莲高速（付强　摄）

　　龙溪村地处于都县仙下乡西北部高山峻岭之中，是"十三五"时期深度贫困村，全村 17 个村民小组 22 条通组路已经全部完工（江西画报社　提供）

奋力打造美丽中国"江西样板"，
美丽江西凸显"高颜值"

　　绿色生态是江西最大财富、最大优势、最大品牌，打造美丽中国"江西样板"是以习近平同志为核心的党中央对江西的重大期许。党的十八大以来，省委、省政府坚持以习近平生态文明思想为指引，深入贯彻落实习近平总书记对江西工作重要要求，坚定不移走生态优先、绿色发展道路，积极推进国家生态文明试验区建设，扎实做好"治山理水、显山露水"文章，统筹推动生态环境"高颜值"和经济发展"高质量"协同并进，生态环境质量持续改善，绿色发展道路越走越宽，"绿水青山"加速转化为"金山银山"，美丽中国"江西样板"呈现新气象。

（一）建设国家生态文明试验区

　　江西成为国家生态文明试验区首批三个省份之一，体现了党中央对江西生态文明建设的肯定与支持。省委、省政府持之以恒全面贯彻落实党中央决策部署，以高度的政治责任感和使命感，久久为功推进国家生态文明试验区建设，不断推动生态文明建设取得新成效。"生态江西"的美誉度、影响力不断提升，美丽中国"江西样板"的生态名片越擦越亮。

1. 从"先行示范区"到"试验区"

一直以来，省委、省政府高度重视生态文明建设。从 20 世纪 80 年代实施"山江湖工程"，到进入 21 世纪陆续提出"绿色生态江西""生态立省""绿色崛起"等发展战略，再到 2013 年省委十三届七次全会将"绿色崛起"纳入省委工作思路，提出把江西建设成为全国生态文明示范省的目标，"既要金山银山，更要绿水青山""绿水青山就是金山银山"的理念逐渐深入人心，绿色生态已融入了江西经济发展的"血液"之中。2014 年 11 月，国家发展和改革委员会等六部委正式批复《江西省生态文明先行示范区建设实施方案》，标志着江西成为全国首批 5 个全境列入

中共中央办公厅　国务院办公厅印发《国家生态文明试验区（江西）实施方案》

生态文明先行示范区建设的省份之一，也是江西第一个在全省域实施的国家战略。2015 年 1 月，省十二届人大四次会议审议通过《关于大力推进生态文明先行示范区建设的决议》，推动生态文明建设成为全省人民的共同意志和一致行动。2016 年 8 月，中共中央办公厅、国务院办公厅印发《关于设立统一规范的国家生态文明试验区的意见》，明确将江西列为首批国家生态文明试验区。2017 年 9 月，《国家生态文明试验区（江西）实施方案》印发，标志江西建设国家生态文明试验区正式进入实施阶段。省委、省政府随即出台《关于深入落实〈国家生态文明试验区（江西）实施方案〉的意见》，提出"一年开好局、两年有变化、四年见成效"，有步骤、分阶段推进国家生态文明试验区建设的目标。2021 年 11 月，省第十五次党代会强调，深化国家生态文明试验区建设，全方位全地域全过程推进生态文明建设，奋力打造全国生态文明建设样板区。从生态文明先行示范区和国家生态文明试验区的接续创建，到奋力打造全国生态文明建设样板区，新时代江西绿色发展之路越走越宽阔。

2. "试验区"建设成效显著

江西深入学习贯彻习近平生态文明思想，积极推动国家生态文明试验区各项改革举措落地落细。至 2020 年底，全面完成国家生态文明试验区建设阶段性任务，绿色江西的底色、亮色和成色更加突出、更加鲜明、更加出彩。

扛起了生态环保政治责任。完善全省生态环境保护组织架构，

中国最美乡村婺源（江西画报社　提供）

在全国首创成立由省委书记和省长为"双主任"的省生态环境保护委员会；制定出台《江西省生态环境保护工作责任规定》，全面厘清相关部门责任边界，实现"横向到边、纵向到底"；全面落实"党政同责、一岗双责""管发展必须管环保、管行业必须管环保、管生产必须管环保"的责任制，构建形成齐抓共管、联防联治的生态环境保护大格局。全省上下生态环境保护的思想自觉、政治自觉、行动自觉更加坚定。

保持了一流生态环境质量。深入打好污染防治攻坚战"八大标志性战役30个专项行动"，集中力量解决突出环境问题。坚持"山水林田湖草沙是生命共同体"理念，强调统筹治理山水林田湖草沙，实施重要生态系统保护和修复重大工程，扎实开展国土绿化、森林质量提升、生物多样性保护、"绿盾"等行动，全方位、系统性地保护好山脉、山体、森林、水系、湿地等生态资源，生态

南城县麻姑山农业生态示范园（吴建国　摄）

环境持续改善，生态环境质量稳居全国前列。

探索了一条绿色发展新路。积极探索生态产业化与产业生态化之路，集中力量做实做优做强做大航空、电子信息、装备制造、中医药、新能源、新材料等优势产业，大力发展现代服务业和绿色生态农业，加快推进传统产业转型升级，不断提高经济发展的绿色含量。

形成了一套绿色改革经验。着力构建"源头严防、过程严管、后果严惩"的生态文明"四梁八柱"制度框架。在全国率先出台省级国土空间生态修复规划，率先建立生态文明建设评价指标体系，率先发布推行河（湖）长制地方标准，形成以五级河（湖）林长制为核心的全要素监管体系。生态环境监测网络实现水陆空

萍乡海绵城市建设的第一个示范性公园——玉湖公园（杨继红　摄）

全覆盖。国家生态文明试验区38项重点改革任务全部完成，35项改革成果被列入国家推广清单，形成了一批可复制、可推广的重大制度成果。全流域生态补偿、现代环境治理体系、河（湖）林长制、绿色金融、余江农村宅基地制度等改革走在全国前列，萍乡海绵城市建设经验在全国推广，鹰潭获批全国海绵城市建设示范市，九江长江"最美岸线"、赣江中游生态示范区、昌铜高速生

靖安县河长认领人优待卡
（江西画报社　提供）

南昌市湾里管理局林长公示牌

白鹤等在鄱阳湖水面嬉戏（江西画报社　提供）

在南昌市东湖区扬子洲镇渔业村
赣江段，一头长江江豚在赣江跃出水
面（梁振堂、洪子波　摄）

态经济带等形成示范亮点，南昌城市滨湖地区、赣南山地丘陵地
区、吉安千烟洲小流域等一批综合治理品牌打响，抚州生态产品
价值实现机制、绿色发展"靖安模式"、赣南山水林田湖草沙综
合治理、九江央地合作"共抓大保护"模式等特色改革品牌影响
力显著。生态环境治理体系和治理能力现代化水平得到大幅提升。

锚定"十四五"总体目标与2035年高标准建成美丽中国"江

鄱阳湖水面上自由飞舞的候鸟（叶学龄　摄）

"水中活化石"中华秋沙鸭在鹰潭市龙虎山风景区上清镇泸溪河嬉戏（杨继红　摄）

江西省人民政府文件

赣府发〔2021〕25 号

江西省人民政府关于印发江西省"十四五"
生态环境保护规划的通知

各市、县(区)人民政府,省政府各部门:

现将《江西省"十四五"生态环境保护规划》印发给你们,请认真贯彻执行。

2021 年 11 月 15 日

(此件主动公开)

《江西省人民政府关于印发江西省"十四五"生态环境
保护规划的通知》

西样板"远景目标,江西有序推动碳达峰碳中和工作,着力构建人与自然和谐共生的美丽江西。2021 年在全国率先出台《江西省人民代表大会常务委员会关于支持和保障碳达峰碳中和工作促进江西绿色转型发展的决定》和省级国土空间生态修复规划,率先全域开展生态产品价值实现机制试点,制定首部专门保护候鸟的省级地方性法规《江西省候鸟保护条例》。同时,印发实施《江西省"十四五"生态环境保护规划》，推动江西生态文明建设持续向好。景德镇转型发展、赣江新区绿色金融改革获得国务院表彰。与福建共同创建武夷山国家公园，成为全国首批拥有国家公园的十个省份之一。吉安获评 2021 年度全国"最具生态竞争力城市"，成为仅有的六个城市之一。鄱阳湖白鹤保护入选"生物多样性 100+全球典型案例"，江豚时隔 40 余年重返南昌主城区赣江江段，江豚的"微笑"成为江西亮丽新名片。

（二）持续巩固提升生态优势

江西始终牢记习近平总书记"要像保护眼睛一样保护生态环境"的谆谆教诲，坚持以改善生态环境质量为核心，以最坚定的决心，最坚决的态度和最坚毅的行动向污染宣战、为生态守护，推动全省生态环境质量持续大幅改善，极大提升了群众在生态环境保护领域的获得感、幸福感、安全感。赣鄱大地"开窗见绿、推门见景"，所到之处都是令人心旷神怡的美丽画卷。

1.坚决打好蓝天、碧水、净土保卫战

党的十九大作出污染防治攻坚战决策后，江西坚持"预防为主、源头控制、综合治理"，部署实施"八大标志性战役 30 个专项行动"，统筹推进"五河两岸一湖一江"系统治理，全面打响污染防治攻坚战，推动全省生态环境质量得到持续改善。大力实施"净空"行动，出台《江西省落实大气污染防治行动计划实施细则》《江西省大气污染防治条例》，全面推进控煤、减排、管车、

降尘、禁烧、治油烟，重点从整治城市扬尘污染、机动车排气污染、工业企业污染三方面努力控制 PM2.5 雾霾污染，全力开展夏秋季 VOCs（挥发性有机物）治理攻坚和秋冬季百日冲刺行动，按时完成 158 个重点行业大气污染限期治理项目建设，2021 年全省空气质量创有监测历史以来最好水平。大力实施"净水"行动，出台《江西省水污染防治工作方案》，累计推动全省建成建制镇生活污水处理设施 547 座，农村污水处理设施 6285 座，城镇污水管网 2.3 万多公里；全省开发区建设集中式污水处理设施 147 座，建成污水管网约 5700 公里；持续推进鄱阳湖流域治理、饮用水水源地保护、消灭 V 类水及劣 V 类水、城市黑臭水体整治等六大专项行动，全省城镇污水处理厂基本完成提标改造，设区市饮用水水源地水质全部达标，1092 个集中式饮用水水源地划定了保护区，"净

新时代江西这十年

新余仙女湖利用生物科技治理水环境的生态浮床打造出错落有致的湖景（伍荣达　摄）

靖安县高湖镇古楠村垃圾回收点（徐仲庭　摄）

　　多年坚持垃圾分类治理，靖安县高湖镇古楠村如今变成了整洁、秀美的新农村（聂靖生　摄）

水"行动成效明显。大力实施"净土"行动，出台《江西省土壤污染防治条例》和江西省强制性地方标准《建设用地土壤污染风险管控标准（试行）》，深入实施城市功能与品质提升行动、农村人居环境整治行动和土壤环境质量提升行动，大力实施垃圾分类试点，土壤污染防治工作取得积极成效。

为扎实推进长江经济带"共抓大保护"攻坚战，江西启动长江经济带"共抓大保护"三年攻坚行动，提出工业污染防治综合治理等十大具体攻坚行动、30条工作任务，着力建设九江长江经济带绿色发展示范区，积极推进九江长江"最美岸线"建设，努力实现水美、岸美、产业美和环境美。积极践行系统观念，统筹

九江市濂溪区沿江生态绿港，绿色成为岸边主色调　（杨继红　摄）

"禁渔令"

拆除渔船（江西画报社　提供）

渔民搬家上岸（宋靖　摄）

收缴渔网（宋靖　摄）

第三章

奋力打造美丽中国「江西样板」，美丽江西凸显「高颜值」

鄱阳湖之春（李哲民　摄）

推进"五河两岸一湖一江"全流域治理，确保一湖清水流入长江。深入实施"4+1"工程，推进"三水共治"和沿线岸堤综合整治，大力实施"清船""清网""清江""清湖"行动，重拳出击整治非法码头、非法采砂、非法捕捞、非法采矿、非法排污等危及长江生态环境的行为。2020年1月1日，长江干流江西段和鄱阳湖水域"十年禁渔"全面启动，退捕渔船100%实现回收处置、退捕渔民100%离水上岸、退捕渔民长效帮扶机制不断完善，推动长江生物多样性保护迈上新台阶。2021年，全面完成河湖划界工作，启动实施省部共建江豚保护基地五年规划，成为长江流域唯一享有该政策的省份。

江西还重点开展了鄱阳湖生态专项整治攻坚战、自然生态保护攻坚战、工业污染防治攻坚战、农业农村污染防治攻坚战，有效推动了生态环境质量的持续改善。2022年，省委、省政府印发《关于进一步加强生态环境保护深入打好污染防治攻坚战的实施意见》，提出实施新"八大标志性战役 30 个专项行动"，着力以生态环境高水平保护助推江西高质量跨越式发展，以更高标准打造美丽中国"江西样板"。

2. 构筑"一江一湖五河三屏"生态安全格局

围绕筑牢生态屏障，江西坚持"山水林田湖草沙是生命共同体"理念，持续推进生态修复与保护，大力实施山水林田湖草沙综合治理，形成"一江一湖五河三屏"生态安全格局。

作为我国南方地区重要的生态安全屏障，保护鄱阳湖"一湖清水"向长江，建设山水林田湖草沙综合治理样板区，为全国流域保护与科学开发提供示范，是国家赋予江西的重任。江西坚持综合治理、系统治理、源头治理，大力实施省域山水林田湖草沙生命共同体建设行动计划，深入开展赣州国家山水林田湖草沙生态保护修复试点工程，创新开展流域性稀土矿山尾水处理，推

生态修复后的赣南废弃稀土矿山（李芳　摄）

兴国县永丰镇凌源村崩岗治理点绿意盎然、生机勃勃（梁振堂 摄）

进流域水环境保护、水土流失治理、矿山环境修复、生物多样性
保护等重点工程 110 余项，探索形成了一批典型经验和典型模式。
其中，赣州市探索构建"山水林田湖草生命共同体"项目入围
2019 中国改革年度案例，"寻乌废弃矿山综合治理"入选中国生态
修复典型案例，山水林田湖草沙综合治理样板区品牌进一步打响。

以水生态、森林生态和湿地生态建设为重点，推进美丽江西
建设。水生态建设方面，落实最严格水资源管理制度，构建市县
乡村四级联动水生态文明建设体系。全省用水总量控制在 250 亿
立方米红线内，国家重要水功能区达标率达 90%。制定出台水
生态文明建设"365 行动计划"。全面启动县域节水型社会达标
建设，全省 28 个县（市、区）于 2020 年底提前超额完成国家县
域节水型社会达标建设任务。推动实施两轮赣粤东江和首轮渌

水赣湘跨省流域横向生态补偿，跨省流域上下游突发水污染事件联防联控合作实现全覆盖。在全国率先实施覆盖全境全流域的生态补偿机制，累计下达流域补偿资金210.9亿元。森林生态建设方面，深入实施国土绿化和森林质量提升工程。在全国率先出台《关于实施低产低效林改造提升森林资源质量的意见》。"十三五"时期累计完成人工

《江西省人民政府关于印发江西省流域生态补偿办法的通知》

造林636.1万亩、低产低效林改造1018.3万亩、森林抚育2640.3万亩、封山育林545.7万亩，成为全国首个"国家森林城市""国家园林城市"设区市全覆盖省份。加大"五河"中上游特别是源

江西瑶里国家森林公园（江西画报社　提供）

头地区生态公益林保护力度，纳入国家、省级补偿范围的公益林面积达 5100 万亩，占全省林地面积的 32%。2012 年至 2022 年，共统筹安排补偿资金近 162 亿元，对全省公益林和天然商品林进行保护补偿。林业总产值由 2015 年的 3063 亿元增长到 2021 年的 5700 多亿元，年均增速达 12.3%。湿地生态建设方面，编制《江西省湿地保护工程规划》，强化湿地生态系统保护。开展城市规划区湿地资源调查，将 8 公顷以上城区湿地纳入省重要湿地管理，严格控制开发占用自然湿地。划定湖泊水库禁养区 152.1 万亩、限养区 144.6 万亩。持续开展湿地生态效益补偿，启动鄱阳湖退耕还湿试点，建成鄱阳湖湿地生态预警监测系统。"十三五"期间治理恢复湿地 7.5 万亩。全省湿地面积保持在 91 万公顷。至 2021 年，全省建成各类自然保护地 547 处，自然保护地总面积

2017 年 12 月，南昌市通过全国水生态文明城市建设试点验收，成为全国首批水生态文明城市。图为南昌艾溪湖（江西画报社　提供）

青山环抱的瑞金市陈石水库，已被列为该市饮用水水源保护区（杨继红、吴文兵　摄）

2800 多万亩，占全省地域面积的 11.4%。

　　注重生态保护和修复，江西的环境优势不断得到巩固提升。全省设区市 PM2.5 平均浓度由 2017 年的 44 微克 / 立方米下降到 2021 年的 29 微克 / 立方米，下降 34.1%，平均浓度达到国家二级标准；环境空气质量优良天数比例由 2017 年的 87.3% 上升到 2021 年的 96.1%，提高了 8.8 个百分点；全省 11 个设区市空气质量达到或优于国家环境空气质量的由 0 个增加到 10 个。2020 年度国家污染防治攻坚战阶段性终期考核优秀，实现"十三五"圆满收官。2021 年全省国考断面水质优良比例上升到 95.5%，比全国水平高出 10.1 个百分点；2022 年上半年，全省国考断面水质优良比例进一步提升到 97.7%，列全国第 6，高出全国平均水平 12 个百分点。鄱阳湖点位水质优良比例由 2017 年的 0 提升到

2020 年的 41.2%。消灭了 V 类及劣 V 类水质断面；长江干流江西段 II 类水质由 2015 年的 66.7% 上升到 100%；设区市饮用水水源地水质达标率保持 100%。2021 年森林覆盖率达到 63.35%。

（三）唱响绿色发展主旋律

江西大力践行"绿水青山就是金山银山"的理论，坚定不移走生态优先、绿色发展之路，既倍加珍惜来之不易的绿色生态"金字招牌"，又以绿色发展支撑和擦亮这块"金字招牌"，大力推动产业生态化和生态产业化，全面壮大绿色发展新动能，统筹有序推进碳达峰碳中和工作，促进经济社会全面绿色转型。

1. 书写"两山"理论江西答卷

资溪县"两山"转化中心（资溪县党史和地方志研究中心　提供）

"两山"理论是我们党关于生态文明建设的根本遵循。江西积极践行"两山"理论，持续推进经济绿色转型，不断迈出绿色崛起新步伐。在全国率先出台《关于建立健全生态产品价值实现机制的实施方案》，深化抚州生态产品价值实现机制试点，建立生态产品价值核算体系。绿色金融改革取得重大进展，在全国率先制定实施生态系统生产总值核算技术规范等省级地方标准，绿色金融发展

婺源晒秋引游人驻足留影（曾博文　摄）

指数排名全国第 4 位，绿色市政专项债、"古屋贷""畜禽智能洁养贷"等十余项改革经验被央行采纳并推广，资溪"两山银行"建设经验加快推广，中国南方生态产品交易平台上线运行，在全国率先启动"湿地银行"试点，2021 年全省绿色贷款余额3893.79 亿元。绿色低碳循环发展加速，全省累计培育绿色设计示范企业 8 家、绿色工厂 144 家，创建省级绿色园区 37 个，其中国家级 13 个、居全国第 3 位。深入实施"2+6+N"产业高质量跨越式发展行动、"绿色生态农业十大行动"和农业结构调整"九大工程"，大力发展"生态 +"现代服务业和中医药、大健康、生态旅游等产业，全面打响"江西风景独好""生态鄱阳湖·绿色农产品"品牌，加快把生态优势转变为发展优势，着力打造绿水青山与金山银山双向转化样板区，努力走出一条生态产品价值可

新时代江西这十年

2020 年 10 月，首届江西林业产业博览会举行（曾博文　摄）

2019 年 11 月，第十七届中国国际农产品交易会暨首届江西"生态鄱阳湖·绿色农产品"博览会在南昌举行。图为江西展区（汪湧　摄）

量化、能变现的绿色发展新路。

　　坚持把节能减排作为优化经济结构、推动绿色循环低碳发展、加快生态文明建设的重要抓手和突破口,能源消耗总量和强度"双控"工作取得积极成效。2016 年 11 月,省第十四次党代会明确提出要提升资源节约型、环境友好型社会建设水平,不断完善绿色产业体系,发展低碳循环经济,倡导绿色生产生活方式。2017 年,先后出台《江西省"十三五"循环经济发展专项规划》《江西省"十三五"节能减排综合工作方案》,为全省循环经济发展和节能减排综合工作提供路线图、方向标。2021 年,省第十五次党代会强调,坚决遏制"两高"项目盲目发展,全面落实能耗双控约束目标,有力有序推进碳达峰碳中和。同年,成立省委、省

2020 江西森林旅游节期间,游客漫步在大余县丫山Ａ哆乡村吊桥上(杨可　摄)

政府主要领导任双组长的省碳达峰碳中和工作领导小组；2022 年 4 月，出台《关于完整准确全面贯彻新发展理念做好碳达峰碳中和工作的实施意见》，明确江西实现碳达峰碳中和时间表，全力打造全面绿色转型发展的先行之地、示范之地，确保如期实现碳达峰、碳中和；科学编制《江西省碳达峰实施方案》，部署安排 40 多个专项方案和保障措施，加快建立 "1+N" 政策体系，立好全省 "双碳" 工作的 "四梁八柱"。成立省碳排放统计核算工作组，组建省碳中和研究中心，建立碳达峰碳中和项目库。全面建立 "两高" 项目管理清单，出台严格 "两高" 项目准入管理实施意见，"两高" 项目盲目发展势头得到有效遏制。坚持和完善能耗双控制度，加强能耗指标统筹，全力保障优质重大项目用能。

吉安市新干县七琴城风电场（江西画报社　提供）

九江市共青城江益镇占地三千亩的光伏基地（江西画报社　提供）

赣州市石城县珠坑乡坳背村光伏发电站（陈地长　摄）

江西经济增长利用能源效率不断提高。2012 年至 2021 年，全省能耗强度累计下降 31.1%，以年均 4.2% 的能耗增长支撑了 8.4% 的经济增长。工业能耗强度降幅扩大，2021 年全省工业单位增加值能耗较 2012 年累计下降 42.2%，多项产品单位综合能耗超国家标杆水平，工业用能效率显著提升。新能源开发利用成效显著，洁净、绿色、环保可再生新能源生产能力不断增强，2021 年与 2012 年相比，江西风力、太阳能等新能源发电量 235.61 亿千瓦时，增长 36.4 倍，年均增长 49.5%；2021 年末新能源装机容量 1571.34 万千瓦，比 2012 年末增长 46.8 倍，年均增长 53.7%。

2. 倡导绿色低碳生产生活方式

江西始终把生态文明建设作为重要民生工程，不断健全生态文明教育宣传机制，积极倡导简约适度、绿色低碳、文明健康的生活理念和生活方式，广泛开展绿色创建行动，引导全社会树立生态文明意识，鼓励人人参与生态环境保护，推动形成绿色生活方式和消费模式，致力使绿色发展、生态文明成为时代主旋律。

推进绿色惠民。大力开展生态移民、光伏扶贫，启动生态扶贫试验区建设，水电资源开发收益扶贫改革试点取得初步成果；积极推进省级生态文明示范县、省级生态文明示范基地建设，婺源江湾镇等一批镇、村相继入选全国宜居小镇、宜居村庄，不断增进人民群众生态福祉，让人民群众成为生态环境改善的最大受益者。

弘扬绿色文化。连续多年举办世界绿色发展投资贸易博览会、

日出时分的上饶市婺源县江湾镇格外美丽（于熙光　摄）

2017 年 10 月，第八届环鄱阳湖国际自行车大赛选手骑行在龙虎山（江西画报社　提供）

　　2021 年 12 月，第二届鄱阳湖国际观鸟周在永修县吴城镇开幕。开幕式上，通过了《鄱阳湖爱鸟宣言》(宋靖　摄)

　　中国鄱阳湖国际生态文化节、环鄱阳湖国际自行车大赛、鄱阳湖国际观鸟周等主题活动，促进绿色文化观念的广泛传播；实施公交优先、"绿色出行"计划，大力推广新能源汽车，培育绿色低碳生活新时尚；广泛开展生态环保科技知识普及，深化全民生态文明理念；深入实施生态文明促进条例，将每年 6 月设为生态文明宣传月，大力宣传生态文明建设成就和先进典型，营造绿色低碳发展氛围，推动生态文明理念"飞入寻常百姓家"。

引导绿色共建。进一步完善重大项目环境影响评价群众参与机制，推动环境敏感性项目"邻避"论证，充分调动生态治理的群众力量；广泛动员社会力量参与生态建设，推进生态环保项目与社会资本合作，重点推介抚河流域综合治理等50个生态文明PPP项目；出台环保社会组织行为规范指导意见，促进环保社会组织健康、有序发展；持续开展"河小青"志愿活动，不断提高公众河湖保护意识；积极开展节约型机关、绿色家庭、绿色学校等创建行动，形成人人争当绿色倡导者、践行者、传播者的生动局面。

教师讲解垃圾分类知识（吴志贵　摄）

第四章

着力保障民生增进人民福祉，

幸福江西亮出"组合拳"

"人民幸福生活是最大的人权。"习近平总书记视察江西时要求必须"让老区人民过上幸福生活"。牢记殷殷嘱托，江西坚持把增进人民福祉作为最大追求，把改善民生、凝聚人心作为经济社会发展的出发点和落脚点，守正创新推进文化强省建设，赣鄱文化软实力、凝聚力日益增强；用心用情用力保障和改善民生，就业、教育、社会保障、卫生健康等各项社会建设事业取得了显著成效；抗击新冠肺炎疫情取得重大成果，在全国抗疫"大考"中，江西力量得到彰显。"幸福江西"建设深入推进，人民群众的获得感、幸福感、安全感更加充实、更有保障、更可持续。

（一）"文章节义之邦"新气象

"文化是一个国家、一个民族的灵魂。"用文化浸润心灵、培根铸魂，在文化发展中提升幸福感受，着力加快文化强省建设，是江西省委、省政府的重大战略。在历史的眷顾中，文明与智慧在江西这片古老而富饶的土地上激荡交融，成就了江西"文章节义之邦"的美誉。红色文化、绿色文化、古色文化交相辉映，书院文化、陶瓷文化、戏曲文化、革命文化璀璨争辉，赋予了赣鄱大地独特的文化气质。党的十八大以来，以习近平同志为核心的党中央明确提出坚定文化自信、建设社会主义文化强国的重大任务。深入贯彻习近平总书记关于社会主义文化建设的重要论述和视察江西重要讲话精神，江西省委、省政府持之以恒铸文化之魂、强文化之基、兴文化之业，出台了《关于加快文化强省建设的实施意见》，明确提出到 2025 年把江西建设成为在全国具有较大影响的文化强省。

1. 文化事业品质提升

文艺精品创作勇攀"新高峰"。坚持以人民为中心的创作导向，进一步强化对文化精品创作的规划和指导，设立全国第 3 只、中部地区第 1 只省级政府文化艺术类基金——江西文化艺术基金，激发文化创新创造活力，有筋骨、有温度的精品力作不断涌现，先后有 13 部作品获得第 13 届至第 15 届全国精神文明建设"五个一工程"奖；话剧《遥远的乡土》、赣剧《邯郸记》等入选国家舞台艺术精品工程；《一个人的长征》《八子参军》等作品入选庆祝建党 100 周年艺术精品创作重点扶持名单，其中，《八子参军》

《琵琶围》中文版、阿拉伯文版、泰文版

于 2021 年通过海外线上平台播出，成为全省首部走出国门的红色题材大剧；编辑出版《江西文化符号丛书（第一辑）》，全面启动《江右文库》编纂工程，深入挖掘、集中梳理优秀赣鄱文化资源，着力讲好江西文化的故事，擦亮江西文化品牌；原创歌曲《是你一直想着我》《你笑起来真好看》入选中共中央宣传部中国梦主题新创作歌曲展播；电影《三湾改编》《邓小平小道》，电视节目《闪亮的坐标》《跨越时空的回信》，广播剧《信念树》，长篇小说《琵

新时代江西这十年

江西省文化中心外景（敖玉龙　摄）

近年来南昌诞生了许多网红书屋，这些图书馆和书店，以"阅读 +"新兴业态，成为市民读书 + 休闲的好去处，也成为城市的文化新地标。图为夜幕下的高新区图书馆，读者们正在馆内认真阅读（李劼　摄）

琶围》等一批优秀作品，围绕决战脱贫攻坚、建党百年等重大主题，讲好了中国共产党故事的江西篇章，唱响了铸历史伟业的昂扬旋律。

公共文化服务实现"新升级"。实施了一大批补短板、打基础、管长远的重大文化工程，美了地方"颜值"、提了地方"气质"，满足了人民群众对美好生活的新期待。2014年，在22个县（市、区）分批开展基本公共文化服务标准化、均等化建设试点工作，推动贫困地区公共文化建设跨越式发展，并走在全国前列。2015年，由省图书馆、省博物馆、省科技馆组成的文化新地标——省文化中心项目开工建设，并于2020年、2021年先后建成开馆，在此前后，南昌汉代海昏侯国考古遗址公园、江西省美术馆等一批文化场馆陆续建成开放，成为丰富全省人民精神文化需求的重要阵地。省、市、县、乡、村五级公共文化设施网络体系建设不断加强，全省文化馆、公共图书馆覆盖率达100%，乡镇（街道）综合文化站实现全覆盖；主城区和中心镇15分钟、一般村镇20分钟的"公共文化服务圈"初步建成。

海昏侯刘贺墓主棺首次开启现场
（郭晶 摄）

南昌汉代海昏侯国遗址博物馆，大量出土的金饼吸引了参观者的目光
（李劼 摄）

景德镇御窑厂国家考古遗址公园（江西画报社　提供）

　　传统文化瑰宝焕发"新光彩"。文物考古发掘和保护利用硕果累累。南昌汉代海昏侯墓考古发掘几乎囊括了全国考古领域全部奖项。万年仙人洞和吊桶环遗址、新干商代大墓、南昌汉代海昏侯墓、景德镇御窑厂窑址4项考古成果入选中国"百年百大考古发现"。革命文物保护管理取得显著成绩。在全国率先实施赣南等原中央苏区革命遗址保护利用工程，

大余县工作人员对红色标语进行修复保护（江西画报社　提供）

率先探索研究红色标语普查保护利用，施行全国首部明确以革命文物为立法对象的省级地方性法规《江西省革命文物保护条例》，"摸清"革命文物"家底"，共有不可移动革命文物 2960 处，国有可移动革命文物 47270 件（套）。历史文化与现代生活交相辉映。景德镇国家陶瓷文化传承创新试验区成为国家设立的第一个文化旅游类试验区，并先后获评"中国文旅融合创新发展示范城市"和"最美中国文化旅游城市"；全省 6 座国家历史文化名城通过活化利用，让历史文化融入生活、回归社会、服务人民，勃发新生机。

2. 文化产业转型升级

发展平台越搭越宽，产业分工协作有序。从 2018 年起，江

2020 年"文化的力量——文化强省系列活动"于 7 月 9 日至 20 日在抚州文昌里历史文化街区举办。图为在特色文化展馆——天工开物园展馆展示的文创产品（江西画报社　提供）

西紧紧围绕把文化产业培植成国民经济支柱产业的目标，倾力打造特色文化产业集群、集聚区、产业带，组织开展全省文化产业重点县（市、区）、省级文化产业园区认定工作，至 2021 年，全省现有上市文化企业 8 家，拥有各类国家级文化产业园区（基地）14 家，省级文化产业园区 7 家。推动建立重点景区联盟、园区联盟、文创联盟，构建产业链内企业交流合作桥梁，实现资源共享、优势互补、互利共赢。举办 2021 江西文化产业发展高峰论坛，建立省级文化产业专家库、文化产业单位名录库、省级文化产业项目库，5 个重点项目入选首批国家文化产业发展项目库，位居全国第 4。

　　中至数据（江西文化企业 20 强）以"文化＋科技"为核心，依托自身大数据、人工智能技术与自主研发体系优势，大力推进数字文化产业发展，着力孵化"洪城街艺"等文娱品牌，推动城市文化艺术交流发展开辟新的阵地

龙头企业越做越大，产业发展后劲十足。扶持培育行业龙头企业、领军企业，组织认定江西省文化企业 20 强及 10 家提名企业，重点支持"专精特新"文化创意企业，扶持 86 个平台基地、文化创意、智能穿戴、数字出版、会展演艺、文旅融合等重点项目。大力实施"映山红行动"，建立重点拟上市后备文化企业库，全省现有 8 家上市文化企业、4 家重点上市培育文化企业、49 家拟上市后备文化企业、13 家文化独角兽和瞪羚企业。不断深化省属文化企业改革发展，江西报业传媒集团、江西广电传媒集团进入实质化运行，江西出版传媒集团连续十三届入选"全国文化企业 30 强"，江西文演集团首次入选"全国文化企业 30 强"提名企业；成立江西电影集团，进一步整合全省影视文化资源，打造电影产业链条和骨干影视企业；组建江西省文化产业投资公司，设立江西省文投基金，完善"投贷奖补"联动机制，建立多元化、多层次、多渠道的投融资体系。至 2021 年，全省规模以上文化及相关产业营业收入由 2012 年的 1460.25 亿元增至 2967.92 亿元，居全国第 11 位，规模以上文化及相关产业企业达 2097 家，文化产业增加值占 GDP 比重约为 4.3%。

3. 精神文明建设高质量发展

红色资源运用好，红色文化的时代魅力不断彰显。江西的红色区域占全省面积的 78.1%，丰富的红色资源是江西的一张名片，也是弘扬社会主义核心价值观的有效载体。江西充分发挥江西红色资源优势，让红色旧址成为红色"教室"，让红色文物成为红色"教材"，让红色英模成为红色"教员"。面向青少年和社会各界，开展"红色走读""追寻红色足迹""童心向党""诵读红色家书 讲述英烈故事"等活动，给他们以源源不断的红色文化滋养；组织开展"赓

2022年3月，全国红色基因传承研究中心揭牌成立（何雄伟　摄）

续红色血脉 培育时代新人"红色讲解员进校园、"同上一堂思政课——走进红色场馆，汲取奋进力量"等活动，打造红色教育培训"江西品牌"，深入挖掘研究红色基因的内涵，增强社会主义核心价值观的生命力、凝聚力、感召力。2022年3月，由中宣部指导，江西省委宣传部等7家单位共建的全国红色基因传承研究

同学们认真观看红色文物，接受爱国主义教育（汪湧　摄）

由百余名红军后代自发组成的长征源合唱团，自2010年于江西于都成立以来，已在全国演出400多场。图为长征源合唱团在四渡赤水纪念馆演出（陈俭、宋来源　摄）

中心在中国共产党历史展览馆揭牌成立，成为国内首个以红色基因传承为研究方向的全国性学术机构，充分彰显江西构筑红色基因传承高地，当好红色文化传承者、宣传者、践行者的决心与信心。

文明道德树新风，向上向善的"精神旗帜"更高飘扬。坚持为民惠民理念，常态长效开展

话剧《支部建在连上》（江西画报社　提供）

江西首部革命旧址沉浸式实景剧《那年八一》（南昌八一起义纪念馆　提供）

感动中国人物——龚全珍

新时代江西这十年

群众性精神文明创建活动，共创建全国文明城市 10 个、全国文明单位 269 个、全国文明村镇 218 个、全国文明家庭 22 户、全国文明校园 48 所，城乡环境面貌、社会公共秩序、公共服务水平、群众生活质量持续改善。深入实施公民道德建设工程，大力挖掘道德建设中的先进典型，先后涌现出"全国道德模范""老

在江西省肿瘤医院隔壁的一条老街巷里，有一个专门为癌症病人和家属开设的"爱心厨房"，家属自备食材，炒一个菜收费 1 元。有了这个厨房，不少住院的癌症病人就能吃上家里的热饭热菜，感受亲情的温暖，人们把这里称为"抗癌厨房"。这个"抗癌厨房"，从 2003 年开办，已有近 20 年。如今，每年有 1 万多名癌症患者和家属，在这里做饭。"爱心厨房"创办者万佐成、熊庚香夫妇入选感动中国 2020 年度人物（邓高正　摄）

弋阳县南岩镇东湖邓家综合性文化服务中心和新时代文明实践中心（郭晶　摄）

阿姨"龚全珍，"感动中国 2020 年度人物"万佐成、熊庚香夫妇，"时代楷模"九江市消防救援支队等先进典型，现有 16 人当选全国道德模范、70 人荣获全国道德模范提名奖，他们的先进事迹感染着一批批学习者。学雷锋志愿服务活动蔚然成风，至 2021 年 11 月底，注册志愿者 661.4 万余人，占全省总人口的 14.6%，注册志愿组织 5.8 万个，发起项目 124.5 万余个，记录志愿服务时间 2.35 亿个小时。新时代文明实践中心建设积极推进，县级行政区文明实践中心建设实现全覆盖，乡镇（街道）、村（社区）中文明实践所、文明实践站建成率均达 99.7%，服务凝聚、宣传教育、组织动员党员群众的"最后一公里"打通，"亲情连线""我们的节日"等活动大力开展，移风易俗深入推进，文明新风越吹越劲。

群众活动开展好，文化惠民的"润心"实事"点亮"生活。各类群众性文化活动百花齐放，各级文化场馆主题展览亮点纷呈，

2022 年 1 月，全国"村晚"活动在风景如诗如画的瑞金罗汉岩风景名胜区举行（邓高正、敖玉龙　摄）

九江市修水县全丰镇第五届舞蹈大赛暨全丰镇乡村文化艺术节现场（九江市修水县全丰镇文化站　提供）

全省各级文化馆（站）、文艺院团组织送戏下乡、进社区等群众性文艺活动，从 2012 年的 1.5 万场增加至 2021 年的 6.9 万场，活动参与人数从 2012 年的 736.6 万人次增至 2021 年的 3082 万人次。群众广泛参与，成为活动主体，"百姓大舞台，大家一起来"群众零门槛报名，优秀节目免费登台，群众免费观看；"百姓导、百姓演、百姓看"的"村晚"让当地群众走上属于自己的舞台；"情暖赣鄱"惠民观影、"书香赣鄱"全民阅读等将一道道文化大餐送到百姓家门口，让人民群众的美好生活成色更足。

4. 对外交流广受好评

赣鄱文化走出国门的步伐更加铿锵。越是民族的越是世界的，越是独树一帜的，越是深入人心的。近年来，江西积极响应国家"一带一路"倡议，深入拓展江西传统文化符号的对外张力，持续推动文化走出去。2017 年，"美丽江西秀天下"在外交部江西全球推介活动上向 130 多个国家的使节和外交官们进行了成功展示；

2017 年 9 月 8 日，以"开放的中国：美丽江西秀天下"为主题的外交部江西全球推介活动在北京成功举办

新时代江西这十年

2018 年抚州"汤显祖戏剧节暨国际戏剧交流月"活动开幕式剪影（汪湧　摄）

2019 年，共组织部省合作对外交流文化活动 15 批次，其中，"欢乐中国年——赴泰国演出"和"大渊艺站"江西文演艺术团赴英国谢菲尔德演艺交流活动，入选 2020 年中共中央宣传部"春节文化走出去"重点项目；从 2017 年起，连续 4 年举办的"汤显祖戏剧节暨国际戏剧交流月"活动，成为中英两国文化交流的新平台；2021 年，精心组织"建党百年红色之旅"境外媒体团赴井冈山采访活动，来自 25 家境外媒体及国内多家主流媒体的记者走进革命老区，探访中国共产党的奋斗历程。与此同时，积极推进省部共建葡萄牙里斯本中国文化中心项目建设，实施江西"一带一路"文化交流合作行动，并先后组织江西省艺术团赴美国、日本、墨西哥等国开展文化交流活动，让越来越多的人感知赣鄱文化的独特魅力。《江西文化符号丛书（第一辑）》中文版出版以后，2022 年英文版正式出版，泰文版、俄文版、阿拉伯文版翻译工作已经开启，成为在加强国际传播能力建设的背景下向世界展示好

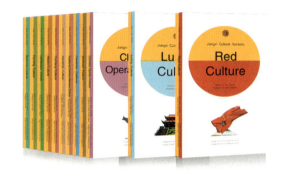

《江西文化符号丛书（第一辑）》中文版、英文版

江西形象、传播江西文化、讲好江西故事的一个积极探索。

　　赣鄱文化国际传播的影响力持续扩大。江西紧跟国际传播领域趋势，创新开展国际传播工作，充分运用新技术，大力构建多渠道、立体式对外传播体系，策划打造多种外宣产品。其中，"用china 讲 China——江西景德镇用陶瓷名片讲述中国故事"，以景德镇陶瓷作为对外文化交流的重要名片、重要符号和重要载体，大力推动陶瓷文化创造性转化、创新性发展，入选全国 2021 年度"对外传播十大优秀案例"。2022 年春节期间，"洋景漂的中国春节""海外网红嘉游赣体验春节文化"等系列活动的相关外宣产品全网传播量超亿次，在多元互动中推动了文化交融，促进了民心相通，向世界展示了可信、可爱的赣鄱形象。

（二）"白鹤鱼米"生活新图景

　　民生是人民幸福之基。江西着力践行以人民为中心的发展思想，自 2007 年在全国率先系统实施民生实事工程以来，每年组织实施一批民生实事，用心用情用力解决好人民群众急难愁盼问题。坚持将新增财力向民生领域倾斜，2012 年以来全省用于民生方面支出超 3.9 万亿元，占财政总支出比重一直稳定在 80% 左右，着力解决好就业岗位、托幼园位、上学座位、医疗床位、养老点位、停车车位、如厕厕位等民生实事。公共财政的阳光照进生活，各项社会事业发展呈现新气象，人民群众的生活水平不断提升，绘就了一幅"白鹤鱼米"高品质生活的精彩图景。

1. 多措并举促进就业创业

就业是民生之本、财富之源。省委、省政府将就业摆在经济社会发展优先位置，积极出台和落实各项减负、稳岗、促就业政策，大力推进大众创业、万众创新，就业工作取得积极进展。2012 年

2018 年 2 月 21 日，于都县举办新春送岗招聘会，服务返乡农民工就地就业（梁健 摄）

至 2021 年，全省就业创业规模持续扩大，城镇就业人数由 2012 年的 981 万人增加到 2020 年的 1296 万人；失业水平保持低位，城镇调查失业率总体低于预期控制目标。就业质量稳步提升，全省建设创业孵化示范基地 274 家，入驻创业实体 1.35 万个；实施职业技能提升三年行动，累计开展补贴性职业技能培训 280 万人次；创业担保贷款累计发放总量达到 1695 亿元，位列全国第 1，累计扶持个人创业 140 万人次，稳定和带动就业 556 万人次。服务体系日益完善。建立了覆盖全民、贯穿全程、辐射全域、便捷高效的全方位公共就业创业服务体系，"春风行动""百日千万网络招聘专项行动"等活动成效明显，打造了"景漂工匠""南康木匠"等一批具有江西特色的劳务品牌。重点群体就业稳定。高校毕业生就业水平保持稳定，农村劳动力转移就业规模稳定在 1200 万人以上，帮扶 5.2 万名退捕渔民转产就业，零就业家庭保持动态清零。尤其是 2020 年和 2021 年，面对复杂严峻的国内外经济形势和艰巨繁重的就业任务，江西出实招稳就业，扶持重点群体就业创业，延续实施普惠性稳岗返还等减负稳岗扩就业政策。截至 2021 年底，全省脱贫劳动力实现就业 135.2 万人；2021 届高校毕业生去向落实率 88.36%，留赣就业率 57.65%，与 2020 届相比，留赣就业绝对人数增加 2.7 万人，留赣率提高 2.32 个百分点，均创历史新高，为全面建设"六个江西"提供强有力的人才和智力支撑。

2. 全力办好人民满意教育

教育是国之大计、党之大计。党的十八大以来，江西大力弘

安远县三百山中心小学新旧校舍对比图，展现义务教育均衡发展江西实践成效（邓高正、郑敏　摄）

扬崇文重教的优良传统，教育改革和发展成效显著，多次受到党中央、国务院的通报表扬和肯定批示，在 2020 年国务院对省级人民政府履行教育职责的评价中，江西"教育社会满意度"在全国排名第 3。教育改革稳步推进，教育法规制度体系更加完善，教育督导、学生人身伤害预防处理等地方立法走在全国前列。教育投入持续增加，连续 10 年成为全省一般公共预算第一大支出，"十三五"期间统筹安排 40 多亿元资金支持"双一流"建设，规划投入 60 亿元加强新一轮"双一流"建设，探索出了一条"小财政"办"大教育"的发展新路。教育事业发展取得新成就。学前教育方面，围绕破解"入园难、入园贵"，持续扩大以公办园为主的普惠性学前教育资源供给，以公办幼儿园为主体，覆盖城乡、普惠优质的学前教育公共服务体系基本建成，学前三年毛入园率、普惠性幼儿园覆盖率、公办园在园幼儿占比超过国家要求。义务教育方面，提前两年整体实现县域义务教育发展基本均衡，成为全国第 13 个、中部第 2 个整体通过国家督导评估的省份；"双减"攻坚落实战全面推进，义务教育学科类校外培训机构压减率达99.09%，如期完成教育部规定目标，"智慧作业为落实双减提供技术赋能"入选教育部遴选的10个"双减"典型案例。普通高中教育方面，普通高中超大班额彻底消除，大班额比例下降至2020年末的3.86%，毛入学率比2011年提高了15.76个百分点。职业教育方面，部省共建职业教育创新发展高地建设初显成效，职业教育改革工作连续两年获国务院通报表扬，6所高职院校入选国家"双高"建设计划，2021年全国职业院校技能大赛获奖总数位列全国第4。高等教育方面，截至2021年，高等学校比2011年增加15所，毛入学率提高27.65个百分点，高等教育体系更具内涵、更有质量、更重贡献；在校学生由2012年的87.6万人增加到140.8万人，增长60.7%；南昌大学材料科学与工程学科入选"世界一流学科"建设学科；江西师范大学一级学科博士点从3个增加到13个，马克思主义学院入选全国重点马克思

南昌大学前湖校区鸟瞰图

主义学院；全省高校 ESI 世界排名前 1% 学科由"双一流"建设前的 6 个增加到 23 个；成功举办第七届中国国际"互联网+"大学生创新创业大赛，江西代表团共获 24 金，居全国第 3 位，南昌大学"中科光芯——硅基无荧光粉发光芯片产业化应用"项目夺冠，均实现历史性突破。

3. 民生保障网络越织越密

社会保障是保障和改善民生、维护社会公平、增进人民福祉的基本制度保障。江西坚持"全覆盖、保基本、多层次、可持续"的基本方针，着力于兜底线、织密网、建机制，基本建立起了覆盖全省城乡

2013 年 12 月 9 日，全省城镇居民社会保障卡首发仪式在新余市举行。该卡主要面向城镇居民、职工、灵活就业人员等群体，兼具社保业务办理和金融功能，可以为参保单位和个人提供方便快捷的一站式服务（邓爱勇　摄）

居民的社会保障体系，使人民群众老有所养、失有所助、伤有所保。制度改革稳步推进。统一了城乡居民基本养老保险制度，实现了机关事业单位和企业养老保险制度并轨，落实企业养老保险全国统筹制度，实施工伤保险、失业保险省级统筹，启动工伤预防五年行动计划，进一步织密扎牢了社会保障安全网。社会保障覆盖范围持续扩大。全省养老、失业、工伤保险参保人数分别达

到 3322 万人、308 万人、564 万人，分别比 2012 年增加 2614 万人、41 万人、153 万人。待遇水平稳步提高。每年提高退休人员养老金水平，企业退休人员月人均养老金从 1336 元提高到 2496 元；建立了城乡居民基本养老保险待遇确定和基础养老金正常调整机制，城乡居民月人均养老金从 55 元增加到 153 元；失业保险待遇由 440 元提高到 1557 元；工伤保险伤残津贴由 1029 元提高到 2700 元。保障能力明显提升。各项社会保险基金规模不断扩大，全省养老、失业、工伤三项保险基金累计结余达到 1313 亿元。基金运行安全平稳，城乡居民基本养老保险委托投资基金达 138 亿元，职业年金基金资产净值 379 亿元。颁布《江西省社会保障卡一卡通条例》，累计制发社会保障卡 4751 万张、签发电子社保卡 2218 万张。

住房是民生之要，"住有所居、居有所安"才能满足人们对美好生活的向往。江西始终坚持"房子是用来住的、不是用来炒的"定位，全力做好房地产市场调控，并先后启动了经济适用房、

江西省第三代社会保障卡。2021 年 5 月 12 日，江西省第三代社会保障卡在于都县首发。持第三代社保卡，不仅能办理社保缴费、待遇领取、就医购药结算，还可以在全国刷卡乘坐公交和地铁

老旧小区作为城市的重要组成部分，通过提升改造让其共享城市发展成果正成为城市发展的重要一环。图为南昌市2013年旧城改造实施以来首个竣工交付的综合性安置小区项目——青云谱区十字街改造前后对比。青云谱区十字街安置小区总投资5.4亿元，绿化率30%，停车位1400个，总建筑面积21.5万平方米，并建有城市综合体、幼儿园、学校、消防站等公共服务设施(朱文标　摄)

2018年7月，南城县盱江沿岸河西生产路，昔日的棚户区已被鳞次栉比的楼房所替代，小区、古街、长堤和桥梁，同美丽的江边景色融为一体。2013年8月，南城县启动沿河片区旧城改造工程，盱江河东、河西两岸2400余户居民整体拆迁，征收房屋面积36.8万平方米，以改善人居、交通和生态环境。如今，昔日低矮破旧、设施落后的棚户区，变成了环境优美、生态宜居的都市街区（改造前：元明辉摄；改造后：徐铮　摄）

　　一座农贸市场，可以折射出幸福的温度。图为南昌市红谷滩区金融大街沁园农贸市场内整齐划一的铺位，还有信息化显示屏显示菜品信息（汪湧　摄）

廉租房、公租房建设以及棚户区改造、老旧小区改造、农村危房改造等重大惠民工程，基本解决了城乡居民的住房困难问题，城镇、农村居民人均住房建筑面积由 2012 年的 40.1 平方米、47.61 平方米分别提高到 2020 年的 50.5 平方米、64.6 平方米，人均住房建筑面积达 54.96 平方米，为全国最高，是全国唯一人均面积突破 50 平方米的省份。十年来，全省累计开工改造各类棚户区 195.9 万套，约 500 万棚户区困难群众"出棚进楼"；改造老旧小区 4531 个，每年发放住房租赁补贴 10 万户左右，建设公租房 52.99 万套，帮助 250 万城镇中低收入住房困难群众圆了"安居梦"。2019 年至 2021 年，江西率先整省推进既有住宅加装电梯，已加装电梯 2700 余台，惠及群众近 10 万人。人民群众的居住环境改善了，生活品质提高了，江西多次获得国务院、住房和城乡建设部的肯定和表扬。

（三）"形胜之区"健康新风貌

"人民健康是民族昌盛和国家富强的重要标志。"党的十八大以来，江西省委、省政府深入学习贯彻习近平总书记关于卫生与健康的重要论述，坚持把人民健康放在优先发展的战略地位，不断深化医药卫生体制改革，全省卫生与健康事业加快发展，医疗卫生服务体系不断完善，基本公共卫生服务均等化水平稳步提高。新冠肺炎疫情发生以来，江西坚定不移贯彻落实习近平总书记重要指示精神和党中央、国务院决策部署，快速有效处置省域突发疫情，有力保障了全省人民群众生命安全和身体健康，"健康江西"迈出铿锵步伐。

群众在医保局"一站式"综合服务窗口咨询办理医保报销业务（海波　摄）

1. 全面推进健康江西建设

没有全民健康，就没有全面小康。以习近平同志为核心的党中央始终把人民群众生命安全和身体健康放在第一位。为把习近平总书记"人民至上""生命至上"价值理念落实、落细、落地，江西省委、省政府部署了16个健康江西专项行动，成立了39个部门为成员单位的健康江西建设工作委员会，推动"将健康融入所有政策"，营造共建共享氛围，实现了人民健康水平持续提升。持续深入开展爱国卫生运动，至2020年，全省共有国家卫生城市11个、国家卫生县城（乡镇）98个，卫生城镇创建数量在全国实现进位赶超。传染病防治取得重大成就，江西成为全国

吉安县永阳镇渡头村"村医"王健为贫困户上门提供家庭医生签约服务（江西画报社　提供）

第一个按照世界卫生组织标准通过消除疟疾终审评估的省份，全省 39 个血吸虫病流行县（市、区）中 24 个达到血吸虫病消除标准，血吸虫病流行降至历史最低水平，有效保障了群众健康和经济社会发展。人民健康水平持续提升，各类健康指标呈现良好态势：孕产妇死亡率、婴儿死亡率、5 岁以下儿童死亡率等主要健康指标均优于全国平均水平，人均期望寿命提高到 77.6 岁，江西 73% 的健康指标提前达到了 2022 年国家目标值。在健康中国考核中，江西获得中部第 1 名、全国第 7 名，并在 2022 年全国卫生健康工作会上介绍健康中国行动江西经验。

南昌市青山湖区民生工程免费救治项目宣传栏

在提升卫生服务能力方面，全省基本医保参保群众越来越多，至 2021 年，全省基本医疗保险参保人数 4710.53 万人，参保覆盖率持续稳定在 95% 以上。先后落地执行 13 个批次药品医用耗材集采中选结果，药品价格平均降幅 62%，最高降幅 98%，医用耗材价格平均降幅 77%，最高降幅 94%，年可减轻群众药费负担超 68 亿元。健康扶贫圆满收官，全省 29.5 万户因病致贫户全部脱贫，贫困患者住院医疗费用报销比例稳定在 90%，153 万余例大病患者得到及时有效救治，是全国免费救治病种数和救治人数最多的省份。着力优化生育政策，实施积极生育支持措施，在全国率先出台婴幼儿补贴制度，实现"婚育户一链办理"，做到"一次不跑"，省级托育服务试点基本覆盖。积极应对人口老龄化，"党建＋农村养老服务"品牌在全国推广，率先推动医疗卫生机构与养老服务机构签约合作工作，至2021年底全省养老机构床位17.7万张，护理型床位占比53%，位于全国前列。成功入选国家区域医疗中心建设范围，全省公立医院门诊次均费用、平均住院费用均相当于全国平均水平的92%左右，每千人拥有医疗机构床位数由2012年的3.16张提高到2021年的6.56张，基本实现城市居民15分钟、农村居民30分钟的就医圈，群众看

新医改实施后，越来越多的病人对新政策逐步了解熟悉，在南昌市第一医院门诊开药的虞阿姨发现现在拿药比原来省了不少钱（张晶津　摄）

景德镇探索形成"易照护长者之家"社区"嵌入式"养老服务新模式。图为养老服务员工为老人祝寿（黄曦洪　摄）

病就医体验不断提升。

在全面深化医改提质增效方面，全面取消公立医院药品耗材加成，坚决破除以药补医机制，终结了持续60多年的"以药补医"历史。基本药物制度持续完善，基本药物使用占比大幅提升，在国家卫生健康委员会组织的基本药物制度实施综合效果评价中，江西省排名全国第6。积极推进医疗纠纷法治化，在全国率先出台地方性法规，开创了处理医疗纠纷以省为单位立法的先河。推进公立医院改革成效明显，公立医院综合改革考核排名连续7年进入全国第一方阵，平安医院考评连续六年排名全国第1，是唯一连续12年入选全国十大医改新举措（新闻人物）省份。

全民健身是全体人民增强体魄、健康生活的基础和保障，人民身体健康是全面建成小康社会的重要内涵。十年来，江西广泛

2022年5月21日，萍乡市第二届"重走秋收起义路"红色马拉松比赛在芦溪袁水源广场鸣枪起跑。一千余名运动员参与其中，享受奔跑的乐趣，重温秋收起义的奋斗历程

开展全民健身运动，各类全民健身和竞技体育开展得如火如荼，各项体育赛事陆续展开，不仅增进了广大体育爱好者之间的技术交流，也吸引了越来越多的群众投入到体育运动中，群众的健康意识和运动健身意识不断增强，经常参加体育锻炼人数大幅增加，体质健康水平逐年提高。人均体育场地面积稳步增长，全民健身事业呈现蓬勃发展态势。环鄱阳湖国际自行车赛、南昌国际马拉松赛、江西网球公开赛等一批江西品牌体育赛事知名度越来越高，一批江西健儿在国际、国内各项大赛中屡创佳绩。"十三五"期间，江西籍体育健儿获得奥运会金牌 1 枚、亚运会金牌 2 枚、第十三届全运会金牌 9 枚、第二届青运会金牌 44 枚；2021 年，在国际和国内的重大比赛中共获得 38 枚金牌、36 枚银牌和 44 枚铜牌。2022 年上半年，全省统筹开展"全民健身、幸福江西"系列活动，百余项全民健身赛事活动在各地陆续开展，点燃了全民健身的热情，提升了全民的身心健康水平，提振了精气神。

2. 抗击新冠肺炎疫情江西力量

面对突如其来的新冠肺炎疫情，江西坚决贯彻习近平总书记重要讲话和指示批示精神，认真落实党中央、国务院决策部署，快速响应、周密部署、精准施策、沉着应对，在分区分级分类精准防控、创新中医药救治、统筹疫情防控和经济社会发展等方面走在了全国前列。

2020 年初，从 1 月 21 日发现首例确诊病例到 3 月 11 日全部清零，江西用 14 天时间初步遏制了疫情蔓延势头，用 27 天时间

位于进贤县经开区的南昌市朝阳医疗保健用品有限公司员工放弃春节休假，加班加点生产口罩保证防疫需要（万朝晖摄）

将本土每日新增病例控制在个位数以内，用37天时间将本土每日新增病例清零，用51天时间将住院确诊病例全部清零，是全国第6个全部"清零"的省份，各项清零指标比全国平均时间缩短了50%以上，930例确诊病例中治愈出院929例，治愈率和中医药全程参与率均位居全国前列，为全国疫情防控大局贡献了江西力量。

进入常态化防控后，全省始终坚持"外防输入、内防反弹"总策略和"动态清零"总方针，健全完善统一领导、统一指挥、统一行动、统一调度、统一推进、统一落实的高效指挥体系，结合各地实际，针对不同情况精准防控，不搞铁桶式、一刀切的防控政策，持续巩固了院感事件零发生、社区传播零报告、境外输入零关联、特殊场所零感染、复工复产零发病、常态化防控零反弹等防控成果，连续610天无新增本地确诊病例报告，受到了国务院联防联控机制和社会各界的充分肯定和高度评价。

2021年10月，上饶铅山旅游景区突发疫情。省委、省政府果敢决策，迅速调派全省最好的医疗专家、医疗资源，赶赴抗疫

医护人员奔赴上
饶铅山抗疫（李征　摄）

做完核酸检测
的医护人员正在防护
服上画上各种各样的
美图（李征　摄）

2022 年 4 月，
疫情之下南昌经开区
居民与医护人员同心
抗疫（钟秋兰　摄）

一线助力当地疫情防控工作，坚持中西医结合，不断完善诊疗方案，精心救治感染患者，在 13 天内实现社会面感染者清零，28 天内全面恢复正常生产生活秩序，疫情处置未发生一例外溢病例，取得了常态化防控以来第一次处置德尔塔变异株突发疫情重大考验的全面胜利。中央媒体多次报道江西疫情防控工作，充分肯定了疫情防控的江西智慧。

同心抗疫，共克时艰，赣鄱儿女疫往无前、勇敢逆行。江西不仅取得了本土战疫的重大成果，还积极为全国抗疫贡献力量。2020 年，全省共派出 11 批次 13 支医疗队 1271 人逆行出征湖北抗疫前线，其中江西支援随州防疫队被授予"全国卫生健康系统新冠肺炎疫情防控工作先进集体"光荣称号。在 2022 年抗疫最为关键时刻，江西深入贯彻习近平总书记关于"疫情要防住、经济要稳住、发展要安全"的重要指示精神，认真落实党中央、国

江西省对口支援随州市医疗队，是全国最早抵达的对口支援队之一（杨继红、陈地长　摄）

务院决策部署，高效统筹疫情防控和经济社会发展的同时，分别派出 104 人、1370 人和 209 人组成的医疗队紧急驰援吉林、上海、海南，汲取省内中西医结合治疗新冠肺炎的成功经验，形成江西战疫方案，高质量完成战疫任务，为助力打赢吉林保卫战、大上海保卫战和海南抗疫攻坚战展现了江西担当。

江铃集团的员工从 2020 年正月初一开始加班加点、奋战多日，向全国疫情防控一线源源不断输送被称为"移动的 N95 口罩"的负压监护型救护车（江西画报社　提供）

江西援湖北随州医疗队凯旋（杨继红、陈地长　摄）

第五章

提升治理现代化水平，
和谐江西筑牢"压舱石"

民主法治是社会和谐的首要特征。党的十八大以来，省委、省政府深入学习贯彻习近平法治思想和习近平总书记关于全过程人民民主、平安中国建设的重要论述精神，扎实推进地方人大、

井冈山五指峰（吴夏农　摄）

政协、统一战线建设和基层民主实践，以改革创新精神引导法治江西、平安江西建设不断走向深入，推动全省治理体系和治理能力现代化建设不断取得新的成效。省第十五次党代会明确提出"努力实现一流的社会治理"工作目标和和谐江西建设的战略部署后，江西全面推进省域社会治理现代化迈上新征程。

（一）发展全过程人民民主

党的十八大以来，以习近平同志为核心的党中央不断深化对

2022 年 1 月 17 日至 20 日，江西省第十三届人民代表大会第六次会议在南昌召开（曾博文　摄）

民主政治发展规律的认识，创造性提出了全过程人民民主的重大理念，强调"人民民主是一种全过程的民主"。省委、省政府忠实践行习近平总书记关于发展全过程人民民主的重要要求，把人民当家作主具体地、现实地体现到实际工作上来，推动各级人大、政协、统一战线和基层各领域把全过程人民民主实践传导到赣鄱大地每个角落。

1. 切实加强地方人大工作

人民代表大会制度是实现全过程人民民主的重要制度载体。江西省委始终高度重视地方人大工作，先后于 2014 年、2019 年召开全省人大工作会议，印发《中共江西省委关于与时俱进创新发展人大工作的意见》《中共江西省委关于加强新时代地方人大工作的意见》，进一步明确了新时代江西省加强和改进人大工作

2019 年 7 月，安义县乔乐乡人大代表联络工作站深入集市了解民情、倾听民声、收集民意（黄花　摄）

南昌市东湖区大院街道人大代表联络工作站

2022 年 1 月上线运行的"江西数字人大"小程序

　　的努力方向；印发《关于加强市县乡人大建设的若干实施意见》，推动许多过去长期困扰市县乡人大工作的困难和问题得到突破性解决；2022 年 1 月完成省人大议事规则修改，增加发展全过程人民民主的要求，为全省各级人大落实全过程人民民主提供了制度保障。

　　人大立法、监督职能不断强化，人大代表主体作用发挥得到充分保障。十年间，省人大常委会围绕制定修改地方性法规、听

2022年1月16日至19日，中国人民政治协商会议江西省第十二届委员会第五次会议在南昌召开（汪湧 摄）

取审议专项工作报告、检查法律法规实施情况、备案审查规范性文件等积极履职。设立3581个人大代表联络工作站，为全面发挥人大代表主体作用提供了平台保障。此外，江西还紧跟数字经济发展大势，于2022年1月上线运行全国首个原创性省级人大小程序"江西数字人大"，架起畅通民意的"数字桥梁"，有力推动了新时代地方人大工作的创新发展和整体跃升。

2. 扎实做好人民政协工作

协商民主是实现党的领导的重要方式。人民政协是党领导的政治组织和民主形式，是国家治理体系的重要组成部分，是具有中国特色的制度安排。党的十八大以来，省委认真学习贯彻落实习近平总书记关于加强和改进人民政协工作的重要论述，推动全省协商民主建设工作不断加强。2015 年、2020 年，省委相继召开政协工作会议，印发《关于加强社会主义协商民主建设的实施意见》《关于进一步加强政协工作充分发挥人民政协在发展协商民主中重要作用的意见》《关于新时代加强和改进人民政协工作的实施意见》，2022 年 5 月出台《关于加强和改进新时代市县政协工作的二十条措施》，明确人民政协作为协商民主重要渠道和专门协商机构作用的新定位，对充分发挥政协作用，更好将制度优势转化为治理效能打下了坚实的基础。

各级政协参政议政履职成效显著。十一届省政协制定、修订完善 30 多项制度规范，基本形成较为完善的政协工作制度规范体系。十二届省政协围绕完善专门协商机构制度、加强改进专委会工作推出系列新的制度规范，成功打造江西政协"赣事好商量"品牌和"一湖清水保护行"等 20 多个具体工作品牌，指导市县政协搭建"赣事好商量 +"协商议事平台 1 万多个。仅 2021 年就围绕"03 专项"实施、"先进制造业高质量发展"等课题，组

2019 年 4 月 23 日至 25 日，省政协"红色资源保护和利用"课题组赴铜鼓县、修水县开展专题调研

织开展视察考察等界别活动190余次，举办协商会议50多场，形成政协专报、建议案、委员作业等履职成果5000多件，办理提案665件。

3. 广泛凝聚社会各界合力

统一战线是我们党克敌制胜的重要法宝，也是党执政兴国的重要法宝。坚持统一战线是我们党百年奋斗"十个坚持"历史经验中的重要一项。江西省委始终把统一战线摆在重要位置，不断巩固和发展最广泛的爱国统一战线。2015年、2021年，省委先后出台《中共江西省委贯彻〈中国共产党统一战线工作条例（试行）〉实施细则》《中共江西省委统一战线工作领导小组关于贯彻〈中国共产党统一战线工作条例〉的实施意见》，为江西统一战线事业发展提供了坚实保障。省市县三级由书记任组长的统一战线工作领

江西省上犹县——
搭建议事平台 协商解决难题

本报记者 朱磊

天气晴好，江西省赣州市上犹县城中山路旁碧水豪畔，绿树成荫，和平社区税苑小区党员代表王英来到社区四楼议事厅，不大的圆桌边，社区干部、党员代表、群众代表、县职能部门代表、县政协干部等20余人，已经坐得满满当当。

一场以"税苑小区改造"为议题的"赣事好商量"民主协商议事会即将开始。

城市老旧小区改造，涉及诉求众多，是考验基层治理的一道难题。税苑小区改造的消息一出来，社区就收到了不少居民建议。为此，社区马上召开了"赣事好商量"民主协商议事会。

"今天把大家聚到一起，就是要讨论如何使用260万元老旧小区改造专款，将资金用到'刀刃'。"和平社区党支部书记、协商议事室第一召集人骆玉兰开门见山，鼓励大家畅所欲言，"大伙儿有一说一，一起商量出一个最佳改造方案。"

"我觉得首先要解决的就是小区排水排污的问题，小区里的污水不时返到地面上来，雨天根本没法走，'晴不见晴口水，下天就是臭水沟'。"小区居民大声提出建议。

税苑小区建于1993年，"脏乱差"的环境，一度困扰居民群众。在小区住了10多年的群众代表殷龙，对于其中的酸甜苦辣深有感触，提高嗓门大声说道："排水排污问题要第一个解决，小区路面硬化不平，也要再次硬化，一下雨，到处积水。"

"没错，地面硬化后，还要规划小区停车位，更换老旧的电瓶车车棚，装上集中充电桩。"党员代表在座家里既有汽车又有电瓶车，停车难、充电难的问题一直让他深受困扰。

"小区还要安装智能门禁设备，聘请保安和保洁人员。""要绿园林也要改造，安智能健身器材。""墙面脱落的房屋要进行改造，屋面漏水也要维修。"群众代表发言踊跃，现场气氛热烈。

挂点和平社区的上犹县政协副主席、党组副书记徐能旭赶紧插了"句话"："大家提的建议都很好，但是改造专款资金有限，我们也要分轻重缓急。"

"如果都要改，确实超出我们的资金预算，大家要选出最有必要的改造点，我建议6到7个为佳。"县住建局一级科员吴小军说。

"小区确实要安装智能门禁设备，聘请保安人员来维护小区安全，这样也能缓解停车难的问题。""80多岁的群众代表黄丰莲发言，"打造景观园林后，我们老人家平时也能散散歌聊聊天。"

"同意。"大家一致通过，一件件改造事项，在有商有量的协商议事过程中逐步达成共识。最终，确定了小区停车位规划、排水排污管网更换、门禁设备安装、景观园林改造等7个项目。

会后没几天，吴小军便邀请赣州市城乡规划设计研究院的专家来规划设计，并根据规划设计制定预算，准备全部完成后，再开一次议事会，确认施工线路。

"赣事好商量"是上犹县为把人民政协制度优势转化为治理效能精心搭建的平台。通过这一平台，建立各级协商议事载体和机制，落实下沉制度，提高基层协商层次和水平。各县有得纪，屡尽。今年以来，上犹县先后在各个单位试点建立"赣事好商量"协商议事平台，围绕"完善小区基础设施""提升市场管理水平"等议题。先后召开协商议事活动23场次，推动解决民生问题26件。

全过程人民民主·在现场

2022年8月14日，《人民日报》点赞江西省上犹县"赣事好商量"协商议事平台解民生难题

2018 年 5 月、2019 年 7 月，江西省非公有制企业维权服务中心、江西省非公有制经济发展服务中心相继成立

南昌市西湖区新的社会阶层人士在桃源街道新联会开设法律讲堂，接受群众的现场法律咨询（范志刚　摄）

导小组全面建立，民族、宗教、民营经济、新的社会阶层、港澳台海外等领域工作专项机制建立健全，党委统一领导、统战部门牵头协调、有关方面各负其责的大统战工作格局逐步构建并不断完善。各民主党派组织进一步发展壮大，民主党派工作不断巩固。2016年11月，致公党中央委员会直属江西支部成立；2019年1月，台湾民主自治同盟江西省委会宣告成立。至此，江西形成民革、民盟、民建、民进、农工党、九三学社、致公党和台盟八大民主党派会聚的局面。

省委高度重视民营经济统战工作，积极推进省市县三级党委领导与新的社会阶层人士列名联系制度，专门召开全省民营经济统战工作会议，制定《关于贯彻落实〈关于加强新时代民营经济统战工作的意见〉具体措施及分工方案》，出台促进非公有制经济更好更快发展、支持民营经济健康发展系列政策措施，打造政企沟通平台，努力破解民营企业"急难愁盼"问题。江西省非公有制企业维权服务中心自2018年设立至2021年底，累计受理实质性维权诉求648件，有力维护了民营企业合法权益。

4. 基层民主建设不断深入

基层群众自治制度是我国一项基本政治制度，基层民主是人民行使民主权利、参与管理国家事务和社会事务的一种形式，直接关系到广大人民群众的切身政治权利，是全部民主政治的基础。新时代这十年里，江西坚持把党的领导贯穿基层群众自治机制建设全过程、各方面，有效保障了群众参与社区治理、基层公共事务和公益事业的基本权利。2018 年，省委、省政府印发《关于加强和完善城乡社区治理的实施意见》，这是全省首个城乡社区治理纲领性文件，明确了社区治理的新方向。十年间，全省基层民主选举不断规范，顺利开展省第九届、第十届、第十一届村（社区）"两委"选举，创新推出"三统筹、七同步"做法，一大批德才兼备、群众公认、热心为群众服务的人员通过民主选举当选为村（社区）干部。基层群众自治体制机制逐步完善，创新举措亮点纷呈。2015 年出台落实村（居）民理事会制度推动基层协商民主的相关政策；2016 年出台《关于加强全省城乡社区协商的实施意见》，进一步规范了村级议事协商内容和程序；2019 年着重抓好《江西省村务监督委员会工作规程》贯彻落实，相继实现村（居）民理事会和村（居）务监督委员会全覆盖。2012—2021 年的十年间，全省绝大多数村普遍建立了村民会议或村民代表会议制度，社区

萍乡市上栗县"屋场贴心会"架起干群"连心桥"（江西日报社　提供）

2018 年 1 月，南昌市西湖区都司前街群众积极参加"幸福微实事"项目筛选大会（蔡颖辉　摄）

建立了居民代表大会、协商议事会、社区听证会、社区论坛等，城乡社区协商民主工作初步实现了平台全搭建。近年来，南昌市西湖区在"幸福微实事"项目基础上，探索形成了"幸福圆桌会"这一党建引领基层民主协商新机制，面向全省推广，并入选 2021 年度全国基层治理创新典型案例，进一步丰富了基层民主建设的有效实现形式。

（二）全面推进法治江西建设

建设法治江西是依法治省的提升和发展，是法治中国建设在江西的具体实践。省委、省政府坚持以习近平法治思想为指导，认真贯彻落实全面依法治国基本方略，积极部署推动新时代法治江西建设迈出新步伐。2014 年，省委《关于全面推进法治江西建设的意见》和《法治江西建设规划纲要（2014—2020 年）》两部推进法治江西建设顶层设计方案的出台，推动法治江西建设全新启航。

1. 地方立法成效持续提升

立法是法治的基础，良法是善治的前提。习近平总书记指出，越是强调法治，越是要提高立法质量。十年来，江西围绕加快构建改革发展急需、人民群众期待、符合江西实际的制度体系，不断提高地方立法成效。

坚持立法和改革决策相衔接，强化重点领域立法，努力做到"凡属重大改革都要于法有据"。经济领域，制定修改开发区、优化营商环境、地方金融监督管理、税收保障、非税收入管理、科

2021 年 11 月 19 日，全国首部明确以革命文物为立法对象的省级地方性法规《江西省革命文物保护条例》经省十三届人大常委会第三十四次会议审议通过，2022 年 1 月 1 日起施行

全国首部专门保护候鸟的省级地方性法规《江西省候鸟保护条例》

技创新促进、企业权益保护、中医药条例等系列地方性法规，激发经济社会发展内生动力，服务推动全省经济高质量跨越式发展。民生领域，在全国率先立法化解"医闹""校闹"问题；三次修改人口与计生条例，使江西成为较早落实"单独二孩""全面二孩"和"三孩生育政策"的省份；制定革命文物保护、非物质文化遗产、传统村落保护条例，制定修改法律援助、旅游、突发事件应对、家庭教育、公益慈善等系列地方性法规，立法的民生底色不断彰显。生态文明建设领域，制定全国首部候鸟保护条例，在全国省级人大常委会作出首个支持保障"双碳"工作的决定，制定修改大气、水、土壤污染防治、实施河长制湖长制林长制、生活垃圾管理等方面的地方性法规，助力打造美丽中国"江西样板"。

完善立法工作机制。积极发挥人大立法主导作用，加大自主起草力度，从源头上防止部门利益法制化；完善立法联系点制度，拓展群众有序参与途径，所有法规草案公开征求公众意见，对专业性较强和涉及群众切身利益的重要条款，召开论证会、听证会、座谈会，广泛听取意见，立法质量得到显著提升。落实中央依法赋予设区市立法权决策部署，2016年实现设区市行使立法权全覆盖。2020年，省人大常委会协调萍乡、宜春、吉安三市共同开展武功山区域发展协同立法工作。2021年9月，省十三届人大常委会第三十二次会议表决通过《江西武功山风景名胜区——萍乡武功山景区条例》《江西武功山风景名胜区——宜春明月山景区条例》《江西武功山风景名胜区——吉安武功山景区条例》，2022年1月1日起实施。这既是江西省首次开展协同立法，也是全国首

武功山（江西画报社　提供）

例"山岳型"协同立法选题，对破解武功山"一山三治"，推进"大武功山"品牌建设提供了法治保障。

2. 法治政府建设全面提速

十年来，省委、省政府带领全省各级政府和政府各部门深入贯彻落实习近平法治思想，以"十三五""十四五"两个省法治政府建设实施纲要为统领，以深化"五型"政府建设为抓手，加快转变政府职能，全面推进依法行政，法治政府建设取得明显成效。

依法行政是法治政府建设的关键。十年来，江西积极探索实行行政权力清单管理，2020年首次完整"晒"出省市县三级政府部门1854项权力；加强行政执法监督，全面推行行政执法公示、

江西省政府公开发布江西省统一行政权力清单（2020年本）

全过程记录、重大执法决定法制审核"三项制度"，积极开展跨区域、跨部门联合执法，扎实推进"双随机一公开"行政执法监督全覆盖；推进柔性执法清单管理制度试点，对 16 大领域 205 种轻微违法违规行为免予行政处罚。

江西省"双随机一公开"行政执法监督平台

2018 年 1 月，南昌市青山湖区居民向区公共法律中心寻求法律援助（海波　摄）

　　推进法律顾问制度建设，是法治政府建设的重要举措。2014年，江西总结推广奉新县建立法律顾问制度的经验做法，组建了由 24 名法律专家、职业律师组成的省法律顾问团；9 月出台《关于在全省普遍建立法律顾问制度的意见》，在全国率先建立和推行法律顾问制度。2016 年，江西在全国率先实现党政机关、人民团体、国有企事业单位和村（居）委会法律顾问全覆盖，形成了办事依法、遇事找法、解决问题用法、化解矛盾靠法的良好氛围。

3. 司法体制改革成绩斐然

　　十年来，江西不断深入推进司法体制改革，努力做到让人民

"法媒银·失信被执行人曝光台"十大功能

群众在每一个司法案件中感受到公平正义。司法队伍专业化、职业化水平不断提升。法院、检察院回归办案本位，优秀人才向办案一线流动趋势明显；深入推进完善入额领导干部办案制度，法、检"两长"带头办理重大疑难复杂案件和出庭支持公诉比例稳步提升。司法人权意识不断加强。江西通过在司法实践中推行全面公开执法信息、规范接处警信息录入等一系列举措，有效保障了人民群众的司法权益。党的十八届四中全会提出"以审判为中心"的诉讼制度改革后，江西严格落实罪刑法定、疑罪从无、证据裁判原则，落实证人出庭制度，推行庭审同步录音录像制度，确保了庭审的程序公开，提升了司法的公信力。

案件执行力度不断加大。为切实解决执行难问题，江西一方面构建人大、党委、政府合力支持解决执行难工作格局，加大生效判决执行力度；另一方面创新对失信被执行人的信用惩戒方式，于2015年推出人民法院、新闻媒体、金融机构联合惩戒失信被执行人新模式——"法媒银·失信被执行人曝光台"，获中共中央宣传部、最高人民法院和中国银行业监督管理委员会面向全国推广。案件信息公开不断深化。全省各级法院推进审判流程、裁判文书、执行信息公开三大网络平台建设，检察院开通运行案件信息公开系统，公安机关在网上公开执法办案依据和工作流程，自觉接受社会监督。

4. 全民守法意识大幅提高

全民普法是全面依法治国的长期基础性工作。自2011年"六五"普法教育开始，全省公民普法教育被纳入法治江西建设整体规划。"七五"普法时期，江西修订法制宣传教育工作条例，出台《关于进一步加强全省社会主义法治文化建设的意见》，积极贯彻落实"谁执法谁普法"责任制，先后确定宪法、民法典等26部法律法规为全省年度重点普法内容，进一步增强了全社会法治观念。全面提高领导干部法治思维，让领导干部成为全民守法的关键。江西坚持把习近平法治思想、宪法知识、中国特色社会主义法律体系知识、民法典学习纳入党校、行政学院等干部培训必修课。2015年出台《江西省实施宪法宣誓制度办法》后，严肃开展新任职人员宪法宣誓活动，切实增强了各级领导干部宪法和法治意识。

创新守法宣传方式，让学法成为全民守法新常态。江西除依

江西省人民检察院参与实施农村"法律明白人"培养工程

托"12·4"国家宪法日、"3·15"国际消费者权益日等进行法制宣传外,还通过"法律六进""律师进社区"、法治主题公园建设等方式,让老百姓在近距离接触中增强法律意识、潜移默化中培育法治观念。

创新实施农村"法律明白人"培养工程。2018年,江西在总结崇仁县一户一名"法律明白人"经验基础上,在全省农村推广实施。截至2021年10月,全省累计颁证上岗"法律明白人"601.77万人,培养骨干91.11万人,基层法治观念明显增强,乡村治理法治化水平显著提高。江西这一经验做法还相继被写入中央关于加强和改进乡村治理的指导意见、国家"八五"普法规划,入选全国普法依法治理十大创新案例,面向全国推广。

2018 年 1 月，在会昌县"普法进校园、安全度寒假"法制宣传活动中，县法院法官走进县第四小学课堂向同学们讲解国徽、法徽和法槌相关知识（朱海鹏　摄）

大余县法院法官在丫山景区开展普法宣传（江西日报社　提供）

2022 年 6 月 29 日，由江西农业大学人文学院法学专业本科生组成的"携'法'同行，'乡'约安福"乡村服务振兴团在安福县章庄乡开展对点法律援助、摆点法律咨询社会实践活动（燕冰莹　摄）

（三）加强和创新社会治理

党的十八大以来，江西牢记习近平总书记"推进社会治理创新"的殷殷嘱托，坚持统筹发展和安全，坚持扎实推进市域社会治理现代化试点，坚持共建共治共享，积极防范化解各类风险隐患，构建起以《关于加快推进新时代社会治理现代化建设更高水平平安江西的实施意见》为总蓝本，以《关于加强基层治理体系和治理能力现代化建设的若干措施》《关于建设更高水平平安江西的若干措施》等配套文件为支撑的"1+N"制度体系，推动平安江西建设不断取得新成效，连续16年被评为全国平安建设（综治工作）优秀省，为全面建设社会主义现代化江西营造了安全稳定环境。

1. 社会治理探索亮点纷呈

推进社会治理创新，既是习近平总书记寄予江西的重大期许，也是江西做好平安建设的重要途径和方法。市域治理是国家治理的重要支柱，对于推进国家治理体系和治理能力现代化具有特殊意义。2020年3月，为期三年的市域社会治理现代化试点工作在江西9个国家首期试点市和2个"同步起跑"市正式启动。两年来，江西对标对表党中央精神，结合自身实际，将"红色治理"、综治中心实体化建设、矛盾纠纷多元化解作为江西特色工作指引，充分挖掘江西红色治理资源，发挥党建引领作用，积极探索"红色文化＋社会治理"机制，把红色元素融入市域社会治理全领域、各方面，走出了一条符合中央精神、具有江西特色的社会治理新路子，基本实现三年试点任务两年基本完成预定计划。江西作为唯一省份在中央政法工作会议上介绍试点工作，南昌、赣州、吉安3市在中央政法委有关会议上介绍经验。以新余"党建＋颐养之家"农村养老模式和"联村共治、法润乡风、唯实求真、公正为民"乡村治理寻乌经验为代表的一批江西创新红色治理品牌脱颖而出。

新余市渝水区水北镇金星村颐养之家的老人正在观看志愿服务队编排的新余采茶戏（江西日报社　提供）

寻乌县法官在农村开展巡回审判（童梦宁　摄）

鄱阳湖湖区平安建设成效显著。十年来，江西认真落实"长江大保护"战略，巩固拓展建设鄱阳湖区联谊联防联治机制成果，紧盯长江鄱阳湖区非法采砂、非法捕捞、非法猎杀候鸟、非法排污、破坏湿地等水域突出违法犯罪活动，在禁捕退捕水域不断做实矛盾预防化解工作；全面加强执法能力建设，组织省市县三级公安、渔政、水利、海事、林业5个部门在湖区开展全年常态化驻点联合巡逻执法，形成了以省级蛇山岛联合巡逻执法备勤指挥中心为核心、各县级联合巡逻执法点为支撑的"1+N"湖区整体防控网络，并将过去季节性巡逻执法调整为全年全天候联合巡逻执法，保障禁捕退捕政策有效实施，鄱阳湖区由乱到治，"大湖治理"江西品牌越来越亮。

　　退役军人是党和国家的宝贵财富，自2018年组建退役军人

公安执法队员在鄱阳湖区蛇山岛通过无人机进行空中巡查（海波　摄）

鄱阳湖联勤指挥中心通过网络监控湖区（海波　摄）

事务部门以来，江西结合工作实际推动习近平总书记"让军人成为全社会尊崇的职业"的重要指示要求落地落实，总结打造并不断拓展"一域一队伍""一人一台账""一家一对接""一周一活动""一月一堂课""一季一走访""一年一评选"为主要内容的"七个一尊崇工作法"，推动全省退役军人事务领域基层治理水平不断提升。"七个一尊崇工作法"被评为全国退役军人事务系统组建以来典型工作案例，成为新时代"枫桥经验"的江西实践。

十年来，全省社会治理规范

江西省退役军人事务厅探索出的"七个一尊崇工作法"

2022 年 3 月 25 日，赣州市于都县"新长征"退役军人志愿服务队等前往县烈士纪念园,开展"清明祭英烈　尊崇铸忠魂"烈士祭扫活动（江西画报社　提供）

化、法治化、专业化水平显著提升。2010 年，江西在全国率先探索开展重大决策社会稳定风险评估，2014 年出台实施办法在省市县三级全面推行，2015 年引入第三方专业社会组织参与，社会稳定风险评估机制逐步健全。2010 年至 2021 年，江西共对 26539 件重大决策事项开展社会稳定风险评估，其中暂缓实施 574 件、不予实施 203 件，有效地从源头上预防化解了一批重大涉稳风险。依法治理是最可靠、最稳定的治理方式。2014 年、2015 年江西分别针对"医闹""校闹"，在全国率先出台地方性法规《江西省医疗纠纷预防与处理条例》《江西省学校学生人身伤害事故预防

2018年5月4日，《人民日报》对南昌医调中心调处医疗纠纷的专版报道

　　与处理条例》，有力推动了医患关系改善和学生学校合法权益的保护。

　　排查调处、多元化解社会矛盾纠纷是平安建设的基础，基层公安民警和人民调解员是排查化解基层矛盾纠纷的主体。南昌市公安局西湖分局原副政委兼筷子巷派出所教导员邱娥国，秉承"人民公安为人民"的执法为民理念，创新勤务模式，摸索总结出户籍民警"一图二诀三本四勤"和"串百家门，认百家人，知百家

2019 年 1 月 21 日，邱娥国与南昌"公安文联""红色文艺轻骑兵"警营书法家在西湖区福山巷为群众书写赠送春联（胡坚　摄）

2016 年出席全国人大会议的全国人民调解专家杨慧芝

高安"连心桥"金牌调解室（江西日报社　提供）

情，办百家事"工作法，创立"警民联系卡"等便民措施，成为群众的"贴心人"，相关举措在全国公安系统推广，为基层治理发挥了重要作用。2018 年，邱娥国以基层社会治理创新的优秀民警代表当选全国"改革先锋"；2019 年新中国成立 70 周年之际再获"最美奋斗者"荣誉称号。入选 2017 年 CCTV 年度法治人物的吉安市新圩镇全国模范人民调解员杨慧芝，25 年如一日，成功调处上千起矛盾纠纷，调解成功率 99%，受聘司法部全国人民调解专家。2021 年新颁布实施《江西省矛盾纠纷多元化解条例》，系统集成已有经验和做法，为江西不断提升源头防控、排查梳理、分级预警、多元化解、应急处置能力，有效防范重大矛盾风险、解决疑难复杂问题奠定了扎实基础。近年来，全省年均化解矛盾纠纷 40 万件以上，成功率在 99.5% 以上，实现了矛盾纠纷不外溢、不上行。

2. 多措并举筑牢综治之基

基层治理是社会治理的"神经末梢"。江西持续聚焦基层基础建设，不断健全城乡基层治理体系，推动社会治理重心向基层下移，着力将创安护稳促和谐落实到基层、把矛盾隐患解决在基层，为全面建设和谐江西做实平台载体。各级综治中心实体化建设持续推进，省市县乡村五级 2.3 万个综治中心作为统筹社会治理资源、创新社会治理方式平台的作用不断强化，近年来共处理民生民安问题 1670 余万件。综治工作信息化、智能化水平持续提升，编密织牢各类防控网络，将省综治信息平台升级改造为省社会治理大数据平台，建成 7404 个智能安防小区，行政村"雪亮工程"实现全覆盖，

2018 年 2 月 1 日，新余市劳动监察局与渝水区人民法院联合执法，为务工人员追讨被拖欠工资并于当天集中发放。图为 5 名务工人员高兴展示领到的被拖欠工资（周亮　摄）

2021 年 3 月，江西省社会治理大数据平台上线

春节假期，特警执勤队员携带武器警械在南昌西客站区域巡逻，全力保平安（海波　摄）

南昌市加快智慧安防升级建设，试点应用 5G 智慧安防等新技术，以科技强警提升巡防管控能力，助力维护良好的社会治安环境（李劼　摄）

科技手段赋能，南昌市红谷滩区社会治理实现从"凭经验"转为"用数据说话"（余红举　摄）

南昌市东湖区殷家巷社区网格员赵艳认真询问居民大妈在微信里反映的问题（刘志强　摄）

上饶市信州区西市街道，8平方公里的辖区被科学划分为96个管理网格，活跃着96名社区网格员，他们被居民亲切地称为"西市格格"（林君　摄）

构建了"网上＋网下、陆地＋水上、地面＋空中"的立体化社会治安防控体系。

此外，江西还于2018年创新编制社会治理网格，在全国率先发布《社会治理网格划分和编码规则》地方标准，推动长期活跃在城乡社区一线的全省6.9万个网格、8万余名网格员、226万余名志愿者，在疫情防控和消防安全、禁毒宣传、城市管理等社会治理事项中发挥了积极作用。不断激发人民群众参与社会治理的积极性，广泛推广建设"龚全珍工作室""村民说事""道德讲堂""和事佬""五老评理会"等群众组织，推动形成群众问题由群众解决的新机制。

3. 打好攻坚战保一方平安

防范化解重大风险攻坚战是党的十九大部署的三大攻坚战之一。省委、省政府对此高度重视，2019 年成立由省委书记担任组长的省委防范化解重大风险工作领导小组，统筹推动各项工作，坚决守住不发生系统性金融风险的底线；举办全省市厅级主要领导干部坚持底线思维着力防范化解重大风险专题研讨班，压实各级党政主要负责人第一责任人责任，以上率下构建纵向到底、横向到边责任体系和密切协调配合的工作格局，推动防范化解重大风险工作有效落实。3 年来，江西通过建立地方政府债务风险预警提示和隐性债务风险等级评定机制，坚决落实国家房地产调控政策，全面推行房地产稳控目标管理，建成"赣金鹰眼"非法集资监测预警平台，成为全国第一批接入国家金融风险监测预警平

2018 年 11 月，"赣金鹰眼"——江西省非法集资监测预警平台上线运行

台的示范案例。严厉打击非法集资并将其纳入网格化管理，加大商业银行不良贷款处置力度，化解地方中小金融机构和农村信用社风险，化解 P2P 网络借贷风险，"校园贷"风险得到有效控制，有力保障了全省经济金融安全稳健运行。

扫黑除恶专项斗争取得积极进展。江西始终坚持把扫黑除恶专项斗争作为重大政治工程来抓，2018 年以来，全省共打掉涉黑涉恶组织 1248 个，查封冻结扣押涉案资产 286.3 亿元，查处涉黑涉恶腐败和保护伞案件 4202 件、人员 7144 人，高标准高质量夺取了全面胜利，以综合绩效第 3 的成效评为全国先进。2021 年出台常态化推进扫黑除恶斗争的若干措施，创新构建"1+N"长效制度体系，推动扫黑除恶斗争常态化，为描绘好新时代江西改革发展新画卷创造了更加安全稳定的社会环境。

战胜鄱阳湖流域超历史大洪水。江西水旱灾害多发频发，进入新时代以来，2016 年、2019 年、2020 年连续遭遇较大洪灾。特别是 2020 年 7 月，鄱阳湖流域超历史大洪水不期而至。全省平均降雨量达历史同期均值 4 倍，鄱阳湖标志性水文站星子站水位破纪录涨至 22.63 米，超历史最高水位 0.11 米，问桂道圩等 3 座圩堤漫堤溃决，全省 903.7 万人受灾，直接经济损失 344.3 亿元。灾情发生后，江西坚决贯彻落实习近平总书记关于防汛救灾工作的重要指示精神，十年来首次启动防汛 I 级应急响应并持续 13 天，果断实行 213 座单退圩堤分洪，累计投入解放军武警官兵、党员和青年突击队 300 多万人次，处置较大以上险情 2075 处，转移安置群众 71.5 万人，实现人员零伤亡，赢得了防汛抗洪抢险救灾

2020年7月14日，无人机航拍受洪水围困的鄱阳县。一边是肆虐的洪魔，一边是绿色家园（梁振堂　摄）

2020年7月，都昌县南溪圩堤，陆军某部官兵齐心协力搬运巨石筑牢堤坝（洪子波　摄）

2020年7月，湖口县爱心人士纷纷前往长江干堤，慰问正在加固堤坝的子弟兵，为他们送去夏日的清凉，谱写了一曲军民鱼水情、军民一家亲的动人乐章（张玉　摄）

攻坚战全面胜利。

不断加强应急管理体系和能力建设。2018 年以来，江西以新一轮机构改革为契机，全面组建省市县三级应急管理部门，承接"两委三部"职能，逐步建立起防灾、减灾、救灾、指挥、救援、监管、

2020 年 7 月 8 日，都昌县盐田中学被洪水围困，九江市消防救援支队赶赴现场开展紧急救援（九江市消防救援支队 提供）

执法、保障等分工明晰、运转高效的机构职能体系。2021 年出台《关于加强基层应急管理体系和能力建设的意见》，推动全省基层应急力量实现跃升。2022 年随着全省乡镇（街道）"六有"和行政村（社区）"三有"的基本实现，江西基层应急管理体系将基本健全，为平安江西建设提供更多助力。九江市消防救援支队在 2020 年江西迎战鄱阳湖流域超历史大洪水中，先后参加各类抗洪抢险战斗 336 起，营救疏散被困群众 1.3 万余人，圆满完成都昌盐田镇中学救援、柴桑新港镇东升堤筑堤、修河三角联圩溃堤搜救等任务，有力保障了长江大堤安全、保障了群众生命财产安全，被中共中央宣传部授予"时代楷模"称号。

第六章

持续建设风清气正的政治生态，
勤廉江西塑造"新名片"

党的十八大以来，省委、省政府深入贯彻习近平总书记关于全面从严治党的重要论述，全面加强新时代党的建设，扎实推进全面从严治党，大力弘扬伟大建党精神和井冈山精神、苏区精神、长征精神，持续深化整治形式主义、官僚主义，严肃查处了一批违纪违法案件，推动政治生态实现大优化。省第十五次党代会把勤廉江西建设与全面从严治党有机统一起来，明确全面建设勤廉江西为"六个江西"目标任务之一，鲜明提出建设全国红色基因传承示范区的目标，唱响了江西勤政廉政深化全面从严治党的时代最强音。

（一）传承红色基因铸忠诚之魂

江西是一片充满红色记忆的红土地，人民军队从这里走来，革命道路在这里开辟，治国理政在这里预演，伟大远征在这里起步，工运奇迹在这里书写……这里的山山水水承载着中国共产党人的初心使命，凝铸了跨越时空的井冈山精神、苏区精神、长征精神，汇聚成永不褪色的"江西红"，红色基因已经融入血脉。一直以来，江西十分重视发挥红色资源优势，大力推动红色基因

井冈山革命烈士纪念碑（江西画报社　提供）

中华苏维埃共和国临时中央政府大礼堂旧址（江西画报社　提供）

于都东门长征渡口（江西画报社　提供）

传承，使之根植灵魂、永不变色。尤其是党的十八大以来，江西坚决贯彻落实习近平总书记关于推动红色基因传承的重要要求，不断扬优成势、积极作为，着力在弘扬红色传统和赓续红色血脉上下功夫，努力把江西打造成为最讲党性、最讲政治、最讲忠诚、最讲担当的地方。

1. 以政治建设培根铸魂

党的政治建设是党的根本性建设，在新时代党的建设总体布局中处于统领性地位，决定党的建设方向和效果。江西大力弘扬革命老区对党忠诚的光荣传统，始终把党的政治建设摆在首位，严格贯彻执行《中共中央政治局关于加强和维护党中央集中统一领导的若干规定》，深刻领悟"两个确立"的决定性意义，坚决做到"两个维护"，及时出台《中共江西省委关于加强党的政治建设的若干措施》，推动全省上下把学懂弄通做实习近平新时代中国特色社会主义思想和习近平总书记系列重要讲话、重要指示批示精神作为各级党委常委会会议"第一议题"、干部教育"第一课题"、政治谈话"第一主题"，不断提高广大党员干部政治判断力、政治领悟力、政治执行力。省委带头示范把中央三次巡视及"回头看"整改工作作为重大政治任务抓紧抓实抓好，把坚决贯彻落实习近平总书记重要指示批示精神和党中央重大决策部署作为对党忠诚的最好诠释，确保全省上下在政治立场、政治方向、政治原则、政治道路上始终同以习近平同志为核心的党中央保持高度一致。

严肃党内政治生活，切实把党委管党治党政治责任落到实处，推动政治生态持续向上向好。省委明确将严肃党内政治生活作为全面从严治党的重要抓手，坚决担负起全面从严治党主体责任，认真执行党章和《关于新形势下党内政治生活的若干准则》，修订省委常委会议事决策规则、全委会工作规则，优化议事决策程序，制定《关于落实党风廉政建设党委主体责任和纪委监督责任的意见（试行）》《关于落实把纪律挺在前面要求的意见》《江西省贯彻落实〈中国共产党问责条例〉实施办法》等文件，建立具体明确、环环相扣的责任清单，健全协调保障机制，着力构建党委主导、书记主责、纪委监督、党委部门和有关部门协同配合的工作格局。2020年在全国率先出台《中共江西省委关于开展政治谈话加强对"一把手"和领导班子监督的意见》，省委、省政府主要负责同志带头与设区市市委书记、市长开展政治谈话，督

1月28日上午，江西省十三届人大一次会议举行第三次全体大会。大会以无记名投票方式，选举江西省委常委、省纪委书记孙新阳为该省首任监察委员会主任。1月4日至10日，江西所属的11个设区市的人代会议上，也选举出了各地的市级监察委员会主任，标志着江西省在深化国家监察体制改革试点工作中迈出了坚实步伐。

人民网关于江西省监察委员会成立的报道

促党员领导干部自觉把管党治党政治责任扛起来，进一步压实了"一岗双责"，强化了对"一把手"的"政治体检"和"政治保健"，推动形成了全面从严治党靠全党、管全党、治全党的浓厚氛围。省第十四次党代会至第十五次党代会期间，全省开展党内问责 1.95 万起，问责 5867 个党组织、2.03 万人。

深化纪检监察体制改革，推动实现监督全覆盖。落实中央关于深化监察体制改革的部署，省市县三级监察委员会 2018 年 2 月全部组建到位并与纪委合署办公，实现对所有行使公权力的公职人员监察全覆盖。牢牢把握政治巡视的基本职能定位，加强巡视巡察工作，省委巡视组由 4 个逐步增至 10 个，市县巡察工作领导小组和巡察办全面成立并顺利开展工作，推动监察职能向基层延伸，乡镇监察机构实现全覆盖，积极探索设立村级纪检员、监察员，为打通监督全覆盖"最后一公里"奠定了扎实基础；加强派驻机构建设，实现省市两级纪委派驻机构全覆盖，深化省属国有企业、省属金融企业、省管高校纪检监察体制改革，擦亮派驻监督"探头"，初步形成了纪律监督、监察监督、派驻监督、巡视监督全覆盖权力监督格局。中央巡视办评价江西巡视巡察工作位居全国第一方阵。

坚决全面彻底肃清苏荣案余毒。省委认真贯彻落实习近平总书记自然生态要山清水秀，政治生态也要山清水秀的要求，要坚定不移肃清苏荣等人腐败案件毒害的重要指示，采取有力措施，坚决全面彻底肃清苏荣案余毒，大力建设风清气正的政治生态。2017年，对涉及苏荣案的43名省管干部依纪依法做出严肃处理。2018年以来，持续开展坚决全面彻底肃清苏荣案余毒再检视再部署，切实从政治上、思想上、工作上、组织上、作风上、家教家风上把这项政治任务抓到位、抓到底，持续推进江西风清气正的政治生态建设。省第十四次党代会至第十五次党代会期间，全省共查处违反政治纪律案件1406件，处分1495人。2019年5月，习近平总书记亲临江西视察指导时，肯定江西坚决全面彻底肃清苏荣案余毒的成效，政治生态积极向上，极大鼓舞了全省上下进一步推动全面从严治党向纵深发展的信心、决心。

2. 以红色文化涵养生态

习近平总书记指出，我们的党内政治文化，是以马克思主义为指导、以中华优秀传统文化为基础、以革命文化为源头、以社会主义先进文化为主体，充分体现中国共产党党性的文化。党的十八大以来，江西从红色基因富集的实际优势出发，牢记习近平总书记"推进红色基因传承"殷殷嘱托，紧紧围绕"建设全国红色基因传承示范区"目标，大力弘扬红色文化，扎实推进思想建设，注重用社会主义先进文化、革命文化、中华优秀传统文化培根铸魂，引导广大党员干部做习近平新时代中国特色社会主义思想的坚定信仰者、忠实实践者。

萍乡安源路矿工人运动纪念馆（曾博文　摄）

扎实推进党内集中学习教育。在党的群众路线教育实践活动、"三严三实"专题教育、"两学一做"学习教育、"不忘初心、牢记使命"主题教育和党史学习教育中，始终

位于南昌市红谷滩区的建军雕塑广场（江西画报社　提供）

井冈山革命博物馆（江西画报社　提供）

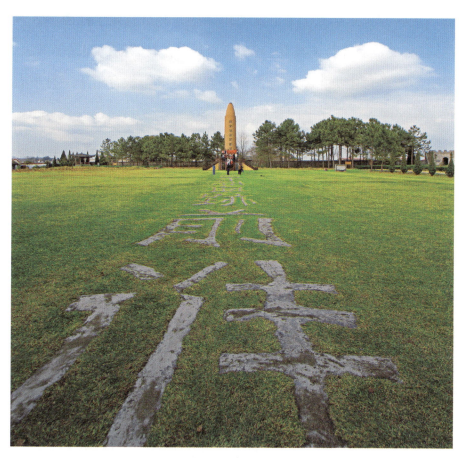

位于江西瑞金的红军烈士纪念塔（江西画报社　提供）

坚持注重发挥革命老区的红色文化资源优势，以遍布全省的2900多处革命旧居旧址和革命纪念馆（博物馆）为课堂，把井冈山精神、苏区精神和长征精神作为加强党性教育、传承红色基因的最好教材，教育引导广大党员干部深刻感悟初心使命和信仰力量，努力以革命先辈先烈为镜鉴，不断锤炼党性修养、发扬优良传统、改进工作作风，学习习近平新时代中国特色社会主义思想，进一步在学懂、弄通、做实上下功夫，把学习成果转化为实实在在的工作成效。2020年1月，习近平总书记在全国"不忘初心、牢记使命"主题教育总结大会上的重要讲话中，充分肯定了江西深入查摆问题、开展革命传统教育、解决群众最急最忧最盼的问题等做法。党史学习教育中央第六指导组对江西党史学习教育给予"有声有色、扎实深入、成果丰硕"的充分肯定。

南昌八一起义纪念馆（郭晶　摄）

大力推动红色基因教育"全覆盖"。坚持把红色基因传承与党性教育、爱国主义教育、大中小学校教育、企业文化建设、新时代文明实践等紧密结合起来，全力打造革命传统教育高地。实施传承红色基因教育培训计划，编写《回望峥嵘读初心——发生在江西红土地上的100个经典革命故事》《红色家书》，持续开展"诵读红色家书　传承红色基因"活动，研究开发"井冈山精神代代传"

南昌市小平小道陈列馆内的小平小道（曾博文　摄）

等特色课程，并抓好《井冈山精神》《苏区精神》等红色教材、《红色故事汇》等"口袋书"的编辑出版工作。2021年一年培训党员

红色名村——瑞金市沙洲坝村（江西画报社　提供）

于都县普查人员采集红色标语数据（江西画报社　提供）

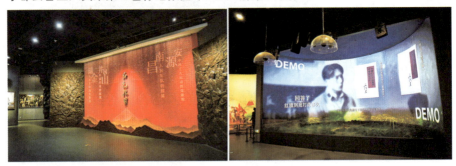

江西省博物馆常设展览：红色摇篮——江西革命史陈列（江西画报社　提供）

2021 年 6 月，"百年回望　红心向党——庆祝中国共产党成立 100 周年主题展"在南昌八一起义纪念馆开展（汪湧　摄）

2021 年 6 月，"百年征途铸忠魂——新四军革命英烈专题展"在南昌新四军军部旧址陈列馆开展（汪湧　摄）

110万人次。优化建设了八一起义纪念馆、小平小道等300余个红色教育现场教学点，充分发挥"红色走读""小巷讲堂"等特色载体育人功能，让更多党员干部接受"精神洗礼"。

充分厚植传承红色基因文化土壤。制定出台《中共江西省委关于深入推进红色基因传承的意见》，建立健全红色基因传承长效机制，在建设全国红色基因传承示范区上迈出坚实步伐。加强红色基因传承研究，联合中央党史和文献研究院第七研究部、人民日报社理论部等7家单位成立全国红色基因传承研究中心，深化党史、新中国史、改革开放史、社会主义发展史和中国共产党人精神谱系研究，大力发扬红色传统、传承红色基因，赓续共产党人精神血脉。实施红色基因传承精品工程，大力推动长征国家文化公园江西段建设，分三批精心打造210个"过去有红色故事、当代有蓬勃新貌"的红色名村，让红色基因不断放射出新的时代光芒。梳理编纂勤廉江西史鉴，从江西红色文化、传统文化精华中，挖掘勤廉积极元素，教育引导党员干部自觉践行社会主义核心价值观，努力学出坚强党性、学出信仰担当。

通过充分发挥江西红色资源优势，不断增强党性教育实效，广大党员干部理想信念更加坚定、理论武装更加扎实，运用科学理论指导工作、解决实际问题的能力不断提升。

（二）牢记初心使命强担当之魄

传承是最好的纪念，担当是最好的传承。江西这片红土圣地，浸染着无数革命先烈的鲜血，承载着中国共产党人的初心使命。

江西深入贯彻新时代党的建设总要求和新时代党的组织路线，落实新时代好干部标准，完善干部选育管用机制，加快打造干事且干净、干净加干事的过硬干部队伍，以干部创先激发全社会创新创业活力，为全面建设社会主义现代化江西提供坚强组织保证。

1. 打造忠诚干净担当的高素质干部队伍

习近平总书记指出，党要团结带领人民实现"两个一百年"奋斗目标、实现中华民族伟大复兴的中国梦，必须全面贯彻新时代党的组织路线，努力造就一支忠诚干净担当的高素质干部队伍。全省各级党组织深入学习贯彻习近平总书记关于选人用人工作一系列重要论述，认真落实党管干部原则和新时代好干部标准，坚持德才兼备、以德为先、任人唯贤，坚持事业为上、以事择人、人事相宜，着力集聚爱国奉献的各方面优秀人才，大力锻造高素质专业化干部队伍。一是激励干部担当实干。省委相继出台《推进领导干部能上能下实施细则（试行）》《关于进一步激励广大干部新时代新担当新作为的实施意见》《关于推行容错纠错机制的实施办法（试行）》《关于为受到不实举报对象澄清正名的实施办法（试行）》，建立健全崇尚实干、带动担当、加油鼓劲的正向激励制度体系，坚持严管和厚爱结合、激励和约束并重，加强对敢担当善作为干部的激励保护，充分调动广大干部干事创业的积极性主动性创造性。截至省第十五次党代会召开前，全省共为1181名干部澄清正名，对34名不实举报人依规依纪依法作出处理。近年来，江西着力构建导向鲜明的综合考核体系，全面实行从高

《中共江西省委关于进一步激励广大干部新时代新担当新作为的实施意见》

质量跨越式发展成效、加强党的建设成效、满意度评价"三个维度"进行大统考，树立"有错是过，无为也是过；有错要问责，无为也要问责"的理念，充分发挥考核"指挥棒""评判器""识别仪"作用，做到能者上、优者奖、庸者下、劣者汰，引导党员干部以高质量工作推动高质量跨越式发展。二是树立正确用人导向。坚持把政治标准放在第一位，严把政治关、品行关、能力关、作风关、廉洁关，鲜明树立重实干、重实绩、重担当的用人导向。2020年以来，全省各级在脱贫攻坚、疫情防控、抗洪救灾等重大斗争一

渝水区为11名党员干部澄清正名

本报新余讯（通讯员吴红忠、刘霞、倪菁）"经核查，举报内容不实！"日前，新余市渝水区纪委监委为人和乡党委副书记廖某等3名干部开出"澄清证明"。据悉，廖某被举报后心情低落，工作积极性下降，后经区纪委监委调查核实，举报所反映的问题不实。调查走访中还了解到，廖某在脱贫攻坚、乡村振兴、环境整治等方面，敢抓敢管，工作成效突出。

该区把容错纠错、澄清正名作为常态化工作，对去年以来收到的信访反映和问题线索进行归类，仔细筛查线索，按照谁调查谁负责的原则，固定证据，分清责任，对存在诬告陷害行为的当事人进行严厉打击，狠刹诬告陷害的歪风邪气；对经查证属被诬告陷害或者错告的党员干部，采取书面澄清、当面澄清、会议澄清、通报澄清等方式进行澄清，为真正敢于担当、敢于干事的干部撑腰鼓劲。目前，该区为11名党员干部澄清正名，为12名敢于担当的干部容错纠错，激励他们放下包袱、担当作为。

2020年8月26日，《江西日报》关于渝水区为11名党员干部澄清正名的报道

线提拔重用表现突出的干部5452人。健全培养选拔优秀年轻干部常态化工作机制，加大面向清华大学、北京大学等重点高校定向选调优秀应届毕业生力度，注重日常发现，加强跟踪培养，坚持从严要求，努力建设一支德才兼备、忠诚干净担当的优秀年轻干部队伍。三是积极选树勤廉先进典型。首次从在职省管干部、县（市、区）党政正职中评选了19名积极践行"孺子牛、拓荒牛、老黄牛"精神干部，推动全省上下形成作示范、勇争先的浓厚氛围。持续开展"担当作为好干部""党务工作好能手""一心为民好支书""群众身边好党员""突出贡献好榜样"等五种类别的"新时代赣鄱先锋"选树学活动，充分发挥先进典型的示范带动作用。四是从严抓实干部日常管理监督。建立省管干部常态化谈心调研制度，实现省管干部和县（市、区）党政正职全覆盖。集中开展"三超两乱""裸官""吃空饷"和干部档案造假、领导干部违规兼职、因私出国（境）等专项整治。加强对"一把手"和领导班子监督，落实领导干部个人有关事项报告制度，加大对领导干部提醒、函询和诫勉力度，加强对领导干部配偶、子女及其配偶经商办企业管理。严格落实防止干部"带病提拔"意见、

党员干部在兴国县将军馆重温入党誓词（邹光福　摄）

干部选拔任用工作监督检查和责任追究办法、干部选拔任用纪实、规范党委（党组）讨论决定干部任免事项等制度，结合巡视巡察开展选人用人专项检查，发挥举报在干部选任工作中的预警作用，选人用人风气持续好转。江西将继续完善干部选育管用机制，努力打造一支可堪大用、能打胜仗、德才兼备的干部队伍。

2. 夯实建强基层战斗堡垒

党的基层组织是党在社会基层组织中的战斗堡垒，是党的全部工作和战斗力的基础。江西树立大抓基层的鲜明导向，以提升组织力为重点，增强党组织政治功能，逐步呈现出全面从严、务实创新、整体推进的良好态势。一是推动基层党建融入中心大局。深入推进抓党建促脱贫攻坚、促乡村振兴，深化党建引领乡村治理、城市基层党建引领基层治理，持续抓好红色名村建设，扎实开展"党建＋农村养老服务"，把党建工作融入经济社会发展各方面、全过程。其中，"党建＋农村养老服务"经验在全国推广。至 2021 年底，全省各地建成养老服务设施 13120 个，覆盖 77.6% 的行政村，惠及 160 万农村老人，有效提升了农村老年群众及其家庭的获得感、幸福感、安全感。二是深入开展"连心、强基、模范"三大工程和基层党建标准化、规范化、信息化建设。2014 年以来，江西激活和传承红色基因，实施"连心、强基、模范"三大工程，推动全省党员干部联系群众常态长效，焕发了全省各级党组织和广大党员干部的生机活力。2019 年以来，在全省开展基层党建"三化"建设，从建试点到全覆盖、从抓规范到提质量、从打基础到强功能，有效推动基层党组织领导地位立起来、党员队伍强起来、基础保障实起来、党建责任严起来，战斗堡垒作用得到充分发挥。尤其在脱贫攻坚、乡村振兴、疫情防控、抗洪抢险等大战大考中，基层党组织和广大党员闻令而动、冲锋在前，成为人民群众最可信赖、最可依靠的力量。在疫情防控斗争中，全省共有 8.35 万个基层党组织、143.25 万名党员干部奋战一线，成立临时党组织 1.01 万个，组建党员突击队 2.5 万支，设立党员责任区、示范岗 7.8 万个，党员为民志愿服务达 798.8 万余次。三是积极统筹推进各领域基层党组织建设。截至 2021 年底，农村、社区党组织基本实现全覆盖。全省 172 个城市街道、1396 个乡镇、4114 个社区、17007 个行政村均建立了党组织。

2020年7月6日,鄱阳县饶河联圩堤上党旗飘扬。党员干部和驻村干部冲锋在前,24小时值守,实现防汛责任无缝隙、全覆盖(海波　摄)

党旗高扬在抗疫一线
(江西画报社　提供)

为了做好核酸检测工作,党员处处起到了模范带头作用
(汪湧　摄)

党员志愿者在大棚里帮忙摘菜（陈地长　摄）

机关、事业单位、企业、社会组织等领域党组织得到进一步巩固。全省共有机关基层党组织 2.2 万个，事业单位基层党组织 2.4 万个，企业基层党组织 2.4 万个，社会组织基层党组织 0.4 万个，基本实现应建尽建。全省基层党组织共计 11.5 万个，党员总人数 235.2 万名。党员队伍结构更趋合理。全省 35 岁以下党员占比 24.8%，具有大专及以上学历的党员占比 44.8%，女性党员占比 23.2%。同时，在全国率先启动互联网企业党组织建设工作，成立江西省非公有制互联网企业党委。科研、文化、卫生、体育和中小学等单位也普遍建立了党组织。党的组织机构已延伸到社会各领域、各行业，形成了条块结合、覆盖各方的党建工作新格局。

（三）正风肃纪反腐塑干净之躯

在江西这片红土地上孕育形成的苏区干部好作风和创造的"第一等的工作"，是党的光荣传统和宝贵精神财富，也是新时代加强党的作风建设、党密切联系群众的传家宝。江西坚决贯彻落实中央八项规定精神，紧紧围绕经济社会发展大局，坚定稳妥推进全面从严治党、党风廉政建设和反腐败斗争，推动全省政治生态积极向上向好，引导党员干部树立正确的人生观、世界观、价值观，为全面建设社会主义现代化江西提供了坚强保证。

1. 驰而不息深化作风建设

作风建设是党的建设的永恒主题。江西始终把作风建设作为落实全面从严治党主体责任的重要抓手，高位推动、持续深化、形成常态，强调以抓铁有痕、踏石留印的精神，以"永远在路上"的韧劲和执着狠抓作风建设，毫不松懈纠治"四风"，持续深入整治"怕、慢、假、庸、散"作风顽疾，推动中央八项规定精神落实落地落细，党风政风持续好转。

《中共江西省委办公厅　江西省人民政府办公厅印发〈关于深入贯彻中央八项规定精神　进一步改进作风的若干意见〉的通知》

坚持以上率下高位推动。中央八项规定一出台，省委立即召开常委会会议，深入学习贯彻、研究具体举措，出台《关于改进工作作风、密切联系群众的若干规定》《关于深入贯彻中央八项规定精神　进一步改进作风的若干意见》《关于力戒形式主义为基层减负的三十条措施》等系列文件，指导相关职能部门出台完善落实中央八项规定精神配套制度文件，推动中央八项规定精神在江西落地生根。江西以重典治顽疾的决心不断深化作风建设，针对"四风"问题变异回潮、影响企业发展环境的行业不正之风、"指尖上的形式主义"等问题开展系列专项整治，人民群众纷纷点赞"苏区干部好作风又回来了"。

重视抓好抓实家风建设。家风建设是领导干部作风建设的重

江西省纪委省监委网站关于《致领导干部家属的一封信》的报道

要内容。江西认真学习贯彻习近平总书记关于注重家庭家教家风建设重要论述，坚持把家风建设摆在重要位置，已连续三批次确立全省家风家教实践基地，引领党员干部家庭传承好家风、好家训、好家教。省纪委省监委向领导干部家属通报有关领导干部配偶、子女及其亲属违纪违法问题及相关教训警示，并联合省妇联向全省省管干部家属发出《致领导干部家属的一封信》，产生了良好社会反响。在省纪委省监委组织督促下，全省 50 多个地区和单位开展了形式多样的"廉内助"警示教育活动，不断促进党员干部廉洁从政、家属守廉助廉。

2. 锲而不舍强化纪律建设

习近平总书记指出，全面从严治党，重在加强纪律建设。省委、省政府坚持把纪律建设摆在更加突出位置，坚持纪严于法、纪在法前，用纪律管住全体党员，实现由"惩治极少数"向"管住大多数"拓展。一是加强党员干部纪律教育。全面推进"一准则、两条例"的学习宣传贯彻工作，举办网上知识竞赛，把"一准则、两条例"学习作为全省党员干部纪律教育的必修课。创新领导干部任前廉政谈话内容和方式，明

樟树市大桥街道纪委开展约谈提醒（陈素文　摄）

弋阳县弋江镇北街居委会党员干部开展党纪法规知识答题竞赛（吕玉玺　摄）

确省管领导干部的任前廉政教育在省党风廉政教育基地集中进行。二是用好问责利器。出台《江西省纪检机关"一案双查"责任追究办法（试行）》，明确"一案双查"责任追究的概念、工作流程及各相关部门的职责。认真贯彻落实《党委（党组）落实全面从严治党主体责任规定》，实行主体责任和监督责任一体考核，推动考核重"评时"更重"平时"。三是聚焦统筹疫情防控和经济社会发展、"三新一高"、碳达峰碳中和等重要工作，持续强化政治监督，发现什么问题就及时纠正什么问题，什么问题突出就督促解决什么问题，努力将监督做在经常、做出实效。四是积极探索实践监督执纪"四种形态"，注重抓早抓小，让党员干部在谈话函询中警醒。至2021年11月，全省各级纪检监察机关运用"四种形态"批评教育帮助和处理28.57万人次，其中运用第一、二种形态27万人次，占94.5%。随着纪律审查震慑作用的不断增强，全省党员干部纪律意识、规矩意识越来越强，政治生态发生深刻可喜变化。

3. 一体推进"三不腐"

党的十八大以来，江西坚持无禁区、零容忍、全覆盖，重拳

"打虎"不放松，全力"拍蝇"不手软，一体推进不敢腐、不能腐、不想腐，统筹做好查办案件"前后半篇文章"，深化以案促改、以案促治，贯通做好惩、治、防各项工作，推动江西政治生态更加风清气正、健康向上。

江西始终保持惩治腐败高压态势，坚持有腐必反、有贪必肃。重点查处党的十八大后不收敛、不收手，特别是党的十九大后仍不知止，胆大妄为，问题线索反映集中、群众反映强烈，身处重要岗位且可能还要提拔使用的领导干部，重点查处领导机关和重要岗位领导干部插手工程项目、土地出让、矿产资源开发以及买官卖官、以权谋私、腐化堕落、失职渎职的案件。进一步扫除了全面从严治党和经济社会发展的障碍，清除了党肌体上的毒瘤，人民群众拍手称快。加大追逃追赃工作力度，省监委成立以来共追回外逃人员 103 人，实现"红通"国家工作人员清零目标。严肃查处群众身边腐败问题和不正之风，先后开展收受"红包"、违规插手干预工程项目、扶贫领域腐败和作风问题、粮食购销领域腐败问题等专项整治。聚焦教育医疗、养老社保、生态环保、安全生产、食品药品安全、执法司法等领域，着力推动解决群众反映强烈的突出问题。省第十四次党代会至十五次党代

永丰县将扶贫领域腐败和作风问题举报箱挂到群众家门口，接受群众举报（永丰县 提供）

会期间，全省共查处群众身边腐败和作风问题4.99万起、6.67万人。

坚持贯彻中央巡视工作方针，充分发挥巡视利剑作用。全面对标对表党中央决策部署，高质量推动巡视工作。第十三届省委共开展18轮巡视，完成对312个党组织的巡视，并对56个县（市、区）开展巡视"回头看"，对25个贫困县和扶贫、环保领域开展专项巡视，实现了巡视全覆盖。第十四届省委共开展11轮巡视，完成对全省317个党组织巡视全覆盖，并对31个党组织开展巡视"回头看"。全省各级党组织通过巡视巡察共推动制定完善相关制度机制3.3万项。

坚持纪法情理贯通融会，统筹做好查办案件"前后半篇文章"，设立"3·23"警示教育日，集中开展警示教育活动，创新推出"三会一书两公开"警示教育新模式，深化以案促改促建促治等工作，切实把查办案件与修复政治生态、健全完善制度、强化监督管理结合起来，充分发挥查处一案、警示一片、治理一域的治本功能，提高治理腐败效能，营造风清气正的政治生态。近年来，江西结合案件查处情况，分别召开南昌、九江、宜春、省直单位、国企全面从严治党工作座谈会或警示教育大会，督促有问题的干部早日向组织说明情况。其中，九江、宜春共有300多名干部会后主动向组织说明问题。先后拍摄并组织观看《正风肃纪在江西》《造绿之殃——苏荣"造绿工程"警示录》《"赶考"路上的迷失者》等一系列电视专题片，制作留置对象忏悔短视频，编印《肃清苏荣案余毒警示教育材料——忏悔录汇编》，利用展览、专题片以

江西省党性党风党纪教育馆（邹国怀　摄）

江西省党性党风党纪教育馆红色基因教育展区（邹国怀　摄）

及新媒体平台大力宣传勤廉典型，增强对廉洁文化的情感共鸣、心理共鸣和思想共鸣，教育党员干部始终坚持挺纪在前。

　　江西始终把"三不腐"一体推进的理念体现到作风纪律建设各方面和全过程，在严厉惩治、形成震慑的同时，推动扎牢制度的笼子、提升思想的自觉，正风肃纪反腐综合效应逐步显现。

勠力同心谋发展

奋楫笃行谱新篇

——党的十八大以来江西经济社会发展成就

党的十八大以来的十年，是江西省经济社会发展进程中极不平凡的十年，是战胜各种困难、风险挑战的十年。十年来，面对错综复杂的国际环境和艰巨繁重的国内改革发展稳定任务，在以习近平同志为核心的党中央坚强领导下，省委、省政府团结带领全省人民，高举习近平新时代中国特色社会主义思想伟大旗帜，深入贯彻习近平总书记视察江西重要讲话精神，聚焦"作示范、勇争先"目标定位和"五个推进"重要要求，感恩奋进、担当实干，攻坚克难、迎难而上，统筹推进"五位一体"总体布局，协调推进"四个全面"战略布局，加快推进高质量跨越式发展，奋力描绘新时代江西改革发展新画卷，全省经济社会发展取得新的历史性成就，为开启全面建设社会主义现代化江西新征程奠定了坚实基础。

一、国民经济实现新跨越，综合实力显著提升

十年来，江西坚持以发展为第一要务，牢牢把握稳中求进工作总基调，统筹做好稳增长、促改革、调结构、优生态、惠民生、防风险等各项工作，国民经济砥砺前行、铿锵奋进，高质量跨越式发展迈出坚实步伐。

1. 经济增速稳在合理区间

2013—2021 年，全省经济年均增长 8.4%，高于全国平均水平 1.9 个百分点。其中，2013 年实现两位数增长，为 10.1%，高于全国 2.3 个百分点；2014—2019 年间年均增长 8.9%，在经济新常态下保持中高速增长水平，经济增速稳居全国第一方阵；2020 年经受住新冠肺炎疫情和鄱阳湖流域超历史大洪水的双重考验，经济运行呈现逐季好转、稳定恢复态势，全年经济增长 3.8%，高于全国 1.6 个百分点；2021 年经济增长 8.8%，高于全国 0.7 个百分点，增速跃居全国第 4，继续保持在全国第一方阵。

勤力同心谋发展　奋楫笃行谱新篇

2. 经济总量取得重大突破

地区生产总值（GDP）继 2011 年突破 1 万亿元大关后，每年跨越一个千亿元台阶，2017 年实现 2 万亿元重大突破。2018 年达 22716.5 亿元，提前两年实现全面小康翻番目标。2021 年接近 3 万亿元，达 29619.7 亿元，是 2012 年的 2.3 倍，在全国排位由

2012 年的第 19 位前移到第 15 位。其中，第一产业增加值 2334.3
亿元，第二产业增加值 13183.2 亿元，第三产业增加值 14102.2
亿元，分别是 2012 年的 1.6 倍、1.9 倍和 3.2 倍。

新时代江西这十年

3. 人均水平连上新的台阶

人均地区生产总值（GDP）继 2012 年跨入 4000 美元门槛后，
2013 年攀上 5000 美元台阶，2016 年攀上 6000 美元台阶。此后每
隔 2 年连续实现 7000 美元、8000 美元的重大跨越。到 2021 年，

全省人均地区生产总值达 65560 元，汇率折合 10162 美元，跨越 1 万美元台阶，在全国排位由 2012 年的第 25 位上升到第 15 位，按照世界银行收入分组标准，稳步达到中等偏上收入国家水平。

4. 财政金融支撑持续增强

财政保障有力助推经济高质量发展。2012—2021 年，全省一般公共预算收入由 1372.0 亿元增加到 2812.3 亿元，实现翻番，年均增长 8.3%；总量在全国排位由第 20 位提升至第 15 位，占全国比重由 2.2% 提高到 2.5%。一般公共预算支出由 3019.2 亿元增加到 6778.5 亿元，增长 1.2 倍，年均增长 9.4%，总量在全国排位由第 19 位前移至第 13 位。市县呈现赶超态势。2021 年，一般公共预算收入超过 50 亿元的县（市、区）有 2 个；超 10 亿元的有 67 个，比 2012 年增加 42 个；南昌县在全国财政收入"百强县"排名中由第 75 位跃居到第 36 位，持续发挥县域经济"领头羊"作用。

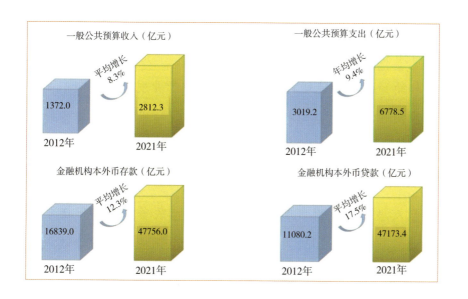

金融服务实体经济能力稳步提升。2021年末，金融机构本外币贷款余额突破4万亿元，达47173.4亿元，比2012年末增长3.3倍，年均增长17.5%，贷款余额年均增速高于存款5.2个百分点。

二、结构调整迈出新步伐，供需双端持续发力

十年来，江西坚持把经济结构战略性调整作为主攻方向，深入推进供给侧结构性改革，大力破解供给质量不高、供需适配不充分难题；加快新型城镇化进程，着力优化区域发展布局，经济发展的全面性、协调性和可持续性不断增强。

1. 产业结构更趋协调

三次产业比例由2012年的11.2：53.8：35.0调整为2021年的7.9：44.5：47.6，产业布局实现"二三一"结构向"三二一"结构的根本转变。农业加快高标准农田建设，粮食综合生产能力不断巩固提升。2021年，全省粮食产量438.5亿斤，连续九年稳定在430亿斤以上。工业扎实推进新兴产业倍增、传统产业优化升级和新经济新动能培育"三大工程"，产业发展加快向中高端迈进。2021年，全省战略性新兴产业、高新技术产业、装备制造业增加值占规模以上工业比重分别为23.2%、38.5%、28.0%，分别比2015年提高9.6、12.8和5.2个百分点。"2+6+N"产业高质量跨越式发展行动，推进航空、电子信息、装备制造、中医药等优势产业发展壮大。2021年，全省规模以上工业企业营业收入突破4万亿元，过千亿元产业由2012年的5个增加到13个，有色产

业规模突破 7000 亿元, 电子信息突破 6000 亿元, 装备制造突破 5000 亿元, 医药、航空产业双超 1300 亿元。服务业结构提档升级, 支撑能力明显增强。2021 年, 全省服务业增加值对 GDP 增长的贡献率为 52.3%, 比 2012 年提高 23.9 个百分点。以交通运输仓储邮政、批发零售和住宿餐饮业为代表的传统服务业增加值比重由 2012 年的 41.5% 下降到 30.1%; 以金融和信息传输、软件信息技术服务业为代表的现代服务业增加值比重由 9.3% 提高到 17.9%。

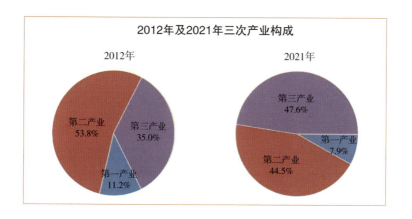

2012年及2021年三次产业构成

2. 需求结构不断改善

内需拉动实现由投资驱动为主向投资和消费共同驱动的转换。2021 年, 全省社会消费品零售总额突破 1 万亿元, 达 12206.7 亿元, 比 2012 年增长 1.6 倍; 最终消费率稳步上升, 自 2016 年开始保持在 50% 以上, 高于资本形成率, 消费拉动成为经济增长的第一动力。在内部结构上, 投资呈现服务业投入力度加大、工业投资明显提质格局。2021 年, 全省第三产业投资比重 46.6%, 比 2012 年提高 8.7 个百分点; 工业技改投资占工业投资的 42.2%,

提高 24.5 个百分点。消费呈现城乡差距缩小、新兴消费势头强劲格局。2021年,全省城乡市场消费品零售额之比值由 2012 年的 5.87 缩小到 5.31;实物商品网上零售额增长 26.9%,高于线上消费品零售额增速 6.4 个百分点。外需改革创新推动出口商品结构优化升级,以机电、高新技术为代表的一批高技术含量、高附加值产品出口规模扩大、比重提升,一改江西省出口产品以劳动密集型、资源型产品为主的格局。2021 年,全省机电产品出口 1838.1 亿元,高新产品出口 955.7 亿元,分别比 2012 年增长 18.6 倍和 28.1 倍;占全省出口比重为 50.1%、26.1%,分别提高 12.8 和 13 个百分点。纺织纱线、织物制品类、鞋帽类和烟花、爆竹类等劳动密集型出口值占全省出口总额的比重仅提高 2.2、1.5 和 0.4 个百分点。

2012—2021年投资率与消费率变化情况（%）

3. 区域发展更加均衡

大南昌都市圈"强核行动"加快提升省会经济首位度和辐射带动力,2021年,南昌市地区生产总值突破 6000 亿元,占全省比重 22.5%，持续位居全省第一。赣南等原中央苏区振兴发展取得重大进展，2021年，赣州市地区生产总值、固定资产投资增速均居全省第2，农村居民人均可支配收入增速位居全省第1。赣东北开放合作加快构建现代化产业体系，2021年，上饶市规模以上工业营业收入增速位居全省第1，实际利用外资增速位居全省第2。赣西创新驱动全力打造全省产业转型升级样板区，2021年，宜春市三次产业比例由2012年的16.2∶56.3∶27.5调整为10.5∶42.4∶47.1，第三产业比重提高19.6个百分点，比全省高6.6个百分点。沪昆、京九高铁（江西段）一纵一横高铁主骨架基本形成，"大十字"形高铁经济发展主轴沿线产业集聚、区域合作、城乡融合加快推进，全省"一圈引领、两轴驱动、三区协同"发展新格局初具雏形。

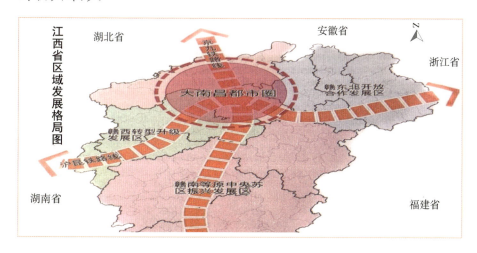

4. 城乡加快融合发展

以人为核心的新型城市化进程加快推进。2021年，全省城市数量由2012年的30个增加到38个，常住人口城镇化率由47.4%

提高到 61.5%，年均提高 1.6 个百分点。城市功能与品质提升行动取得明显成效，城市公共服务水平不断提高。2021 年，全省实施城市功能品质提升项目 6000 余个，整治改造老旧小区 1277 个，惠及 42.4 万住户；城市建成区面积扩大到 1703.6 平方公里，建成区绿化覆盖率提高到 46.4%，人均城市道路面积增加到 19.8 平方米／人，人均公园绿地面积增加到 14.8 平方米／人。乡村振兴战略初见成效，产业兴旺之美、自然生态之美、文明淳朴之美、共建共享之美、和谐有序之美的新时代"五美"乡村建设彰显特色。2021 年，全省累计建成农村集中供水工程 1.45 万处，安全供水人口 3034 万人，自来水普及率 85%；新改建农村公路 5248 公里，全省 16954 个行政村实现水泥（沥青）路"村村通""组组通"；农村人居环境加强整治，82 个县实现城乡环卫"全城一体化"第三方治理，农村卫生厕所普及率 82.8%，农村居住 300 户或 1000 人以上的村庄实现卫生公厕全覆盖，城乡一体化生活垃圾收运处置体系基本实现行政村全覆盖，农村教育、信息化、养老医疗等社会保障建设不断加强，宜居环境得到明显改善。

2012—2021年城镇化率（%）

三、基础建设迎来新发展，发展后劲明显增强

十年来，江西坚持把项目建设作为"稳增长"的主要抓手，着力加强基础设施建设，优化基础设施布局，保民生、兜底线、补短板、强弱项效应日益显现，为经济社会发展注入强劲动力。

1. 农业水利基础不断夯实

坚持不懈大兴农田水利，持续推进农村水电站安全生产标准化建设和绿色水电改造，建成一批大型农田水利电力骨干工程，大大提升水资源综合利用和防洪抗旱能力，有力保障高标准农田建设。2021年，全省注册登记水库10593座，总库容331.7亿立方米；拥有水电站3671座、规模以上水闸3677座；大型灌区14处、中型灌区303处；堤防1117座，堤防总长度达1.3万公里。累计建成高标准农田2622.7万亩，占耕地总面积的64.3%。

2017—2021年新一轮高标准农田建设新增面积（万亩）

2. 交通运输能力明显提高

公路建设形成"纵横南北、横跨东西、覆盖全省、链接周边"的高速公路网。2021 年，全省公路通车里程 21.1 万公里，比 2012 年增加 6.1 万公里。其中高速公路通车里程 6309 公里，在全国排第 12 位，实现"县县通"。铁路建设基本形成"五纵五横"干线铁路网。2021 年，全省铁路营运里程 4822 公里，比 2012 年增加 2088 公里，其中设计时速 250 公里及以上高速铁路达 2094 公里，在全国排第 7 位，实现"市市通"。水运建设基本形成"两横一纵"高等级航道网。2021 年，全省内河通航里程 5716 公里，内河港口、集装箱吞吐量分别达 2.29 亿吨和 78.2 万标箱，其中九江港口吞吐量由 2012 年的 4827 万吨增长到 1.5 亿吨，位居中部省份 20 个内河港口前列。民航建设形成"一主一次五支"民用运输机场格局。建成南昌昌北国际机场、赣州黄金机场、景德镇

新时代江西这十年

罗家机场、九江庐山机场、吉安井冈山机场、宜春明月山机场、上饶三清山机场 7 个民用机场，2021 年开通定期航线累计 183 条，机场旅客吞吐量达 1371.6 万人次；南昌昌北机场航空货邮吞吐量由 2012 年的 4.5 万吨增长到 17.3 万吨，在全国机场排位由第 35 位提升到第 20 位。

3. 信息通信水平快速提升

邮政业务改变传统的函件、包件、报刊发行方式，加快向快递、物流、金融、信息、电子商务等多个业务领域升级换代，形成集实物流、信息流、资金流"三流合一"的现代邮政服务网络。2021 年，全省邮政函件业务总量由 2012 年的 10246.7 万件减少到 745.0 万件，下降 92.7%；快递业务总量由 5472.6 万件增加到 160091.5 万件，增长 28.3 倍。电信业务改变传统固定电话、无线寻呼、电报业务方式，加快向移动电话、可视电话、计算机互联网等多个业务领域发展。2021 年，全省固定电话用户由 2012

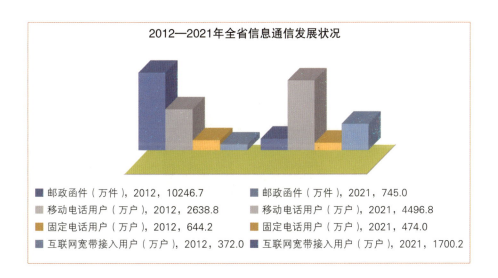

2012—2021年全省信息通信发展状况

- 邮政函件（万件），2012，10246.7
- 邮政函件（万件），2021，745.0
- 移动电话用户（万户），2012，2638.8
- 移动电话用户（万户），2021，4496.8
- 固定电话用户（万户），2012，644.2
- 固定电话用户（万户），2021，474.0
- 互联网宽带接入用户（万户），2012，372.0
- 互联网宽带接入用户（万户），2021，1700.2

年的 644.2 万户减少到 474.0 万户，下降 26.4%；移动电话用户由 2638.8 万户增加到 4496.8 万户，增长 70.4%；互联网宽带接入用户由 372.0 万户增加到 1700.2 万户，增长 3.6 倍。4G 网络通信实现全覆盖，5G 引领新一代移动通信技术革命。2021 年，全省 5G 移动电话用户突破 1300 万户，达 1392.7 万户。

4. 能源保供能力不断提高

2021 年，全省统调电力装机容量由 2012 年的 1533 万千瓦提高到 3453.8 万千瓦，其中火电 2226 万千瓦，占比 64.4%；水电 345.2 万千瓦，占比 10.0%；风电 523.4 万千瓦，占比 15.2%；太阳能发电 359.2 万千瓦，占比 10.4%。全社会发电量由 2012 年的 759.6 亿千瓦时提高到 1625.5 亿千瓦时，增长 1.1 倍，其中规模以上工业发电量 1425.2 亿千瓦时，占比 87.7%。清洁低碳能源体系加快构建。2021 年，全省新能源发电量 235.61 亿千瓦时，比 2012 年增长 36.4 倍，年均增长 49.5%，增幅比全部发电量高

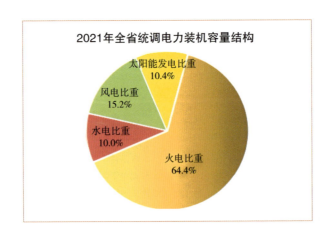

2021年全省统调电力装机容量结构

太阳能发电比重 10.4%
风电比重 15.2%
水电比重 10.0%
火电比重 64.4%

40.7 个百分点。其中风力发电 103.59 亿千瓦时，占比 44.0%；太阳能发电量 80.31 亿千瓦时，占比 34.1%；垃圾焚烧发电 34.73 亿千瓦时，占比 14.7%；生物质发电 16.98 亿千瓦，占比 7.2%。油气管网建设步伐加快。2021 年，全省已投产油气长输管道由 2012 年的 2118 公里增加到 3680 公里，增加 1562 公里，成品油长输管道增加到 936 公里，天然气长输管道增加到 2738 公里。

四、改革开放取得新进展，经济活力更加凸显

十年来，江西坚持用好改革开放关键一招，深入推进全面深化改革攻坚行动，深入实施大开放主战略，集中力量破除一切制约高质量跨越式发展的体制机制障碍，改革开放走深走实，进一步激发了经济发展活力。

1. 改革攻坚持续推进

农村集体产权制度改革列入全国整省试点省份，在全国率先基本完成农村土地承包经营权确权登记颁证，鹰潭市余江区农村宅基地制度改革试点成为全国样板；农村土地"三权分置"稳步推进，2021 年全省土地流转面积 1979 万亩，流转率达 53.6%。供给侧结构性改革深入推进，工业"三去一降一补"重点任务全面落实，化解过剩产能取得重大成果。2016 年退出粗钢产能 433 万吨、生铁产能 50 万吨，提前四年完成"十三五"钢铁行业去产能目标；至 2020 年底累计关闭煤矿 466 处、退出煤炭产能 2826 万吨，分别完成"十三五"总目标任务的 106.6% 和 106.9%。自 2016 年

启动"降成本优环境"专项行动以来，江西省出台系列惠企新政，累计为企业减负超 9000 亿元。深化国资国企改革，在全国率先完成国企公司制改革和退休人员社会化管理，省属国企混改率全国领先，国资监管体制不断完善。投融资体制、财政金融、商事制度等领域改革有序推进。

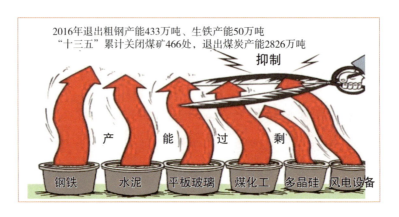

2. 营商环境优化升级

持续深化"放管服"改革，扎实推进"五型"政府建设，全力打造"江西办事不用求人、江西办事依法依规、江西办事便捷高效、江西办事暖心爽心"的营商环境品牌，政务服务效能大提升，进一步激发市场活力和创造力。在全国率先推行政务服务延时、错时、预约服务，省市县乡四级"一次不跑""一窗受理""一网通办"政务服务实现 365 天"不打烊"；"证照分离"改革推进 341 项证明事项和 31 项涉企经营许可事项实施告知承诺制；"一照含证"改革推进企业开办时间压缩至 1.5 个工作日以内；建成全省统一网上中介服务超市，率先开启"一网选中介"服务新模式；省级"信息孤岛"全部打通，"赣服通"4.0 版和"赣政通"在 11

个设区市分厅和100个县级分厅全部上线运行，成为全国第2个省市县三级掌上政务服务全覆盖的省份。2021年省贸促会联合第三方评价机构中国贸促会研究院对全省11个设区市及赣江新区的国有、民营、外资等多种所有制企业营商环境开展调查评价，结果显示：江西营商环境达到"优秀"水平，12个一级指标评价分值均高于全国和中部地区平均水平；90.4%的企业认为江西省近三年营商环境持续优化，68.9%的企业选择"公司所在地"（江西）为再投资地点；93.5%的企业，尤其是私营企业、外资企业对江西营商环境感到满意。

3. 开放型经济加快发展

坚持以大开放促大发展。积极参与共建"一带一路"，主动融入长江经济带、长三角一体化、粤港澳大湾区等国家战略，深入推进招大引强"三百工程""三请三回""三企入赣"攻坚行动，多措并举搭建经贸交流平台，全省"内外并举、全域统筹、量质双高"的开放新格局加快形成。成功获批全国第3个、中部首个国家级内陆开放型经济试验区：景德镇国家陶瓷文化传承创新试验区；赣州成为对接融入粤港澳大湾区"桥头堡"，赣东北饶景鹰城市群成为对接长三角一体化发展先行区；全省建成4个国家级开放口岸、4个综合保税区、5个跨境电商综合试验区。对外贸易规模不断扩大。全省外贸进出口总额先后突破3000亿元、4000亿元，2021年达4980.4亿元，比2012年增长1.4倍，年均增长10.0%；占全国比重1.3%，比2012年提高0.4个百分点。其中出口3671.8亿元，增长1.3倍；占全国比重1.7%，提高0.5个百分点。招大引强活动取得丰硕成果。全省实际利用外商直接投资由2012年的68.24亿美元提高到2021年的157.78亿美元，增长1.3倍，利用外资总量稳居中部前列；集群式项目满园扩园行动实现"5020"项目省级以上开发区全覆盖，2021年底累计引进"5020"项目437个，投资总额1.36万亿元。对外经济合作成果喜人。2021年全省对外直接投资额9亿美元，比2012年增长了1.5倍；对外承包工程完成营业额41.2亿美元，增长1.2倍；对外投资市场由传统非洲、东南亚扩展到欧美，对外投资行业由单一矿产开发向多产业链延伸；具有世界500强投资背景的企业由2012年的51家增加到212家，位居中部前列；对外贸易伙伴扩展到227个国家和地区，国际"朋友圈"不断扩大；赣欧班列从2012年的仅有1条路线，扩展到通达11个国家和26个城市，全年开行401列。

2012—2021年货物进出口总量

2012—2021年实际利用外商直接投资

五、创新驱动取得新成效，科技支撑作用明显

　　十年来，江西坚持把创新摆在发展全局的核心位置，深入实施创新驱动发展战略，大力推动科技创新与经济发展深度融合，着力提高企业自主创新能力和产业核心竞争力，创新型省份建设取得显著成效。

1. 科技创新实力持续增强

　　科技创新水平连续七年实现进位。综合科技创新水平指数由2012年的第25位跃升至2021年的第16位，前进了9位。科技投入力度不断加大。至2020年，全社会研发经费（R&D经费）支出由2012年的113.7亿元增加到430.7亿元，增长2.8倍；研发投入强度（R&D 经费支出占 GDP 的比重）由 0.88% 提高到 1.68%，提高 0.8 个百分点。科技支撑能力明显增强。全省高新技术企业总数由 2012 年的 356 家增加到 2021 年的 6669 家，增长 17.7 倍；高新技术产业增加值占规模以上工业增加值的比重由 23.8% 上升至 38.5%，提高 14.7 个百分点；技术市场合同成交额由 39.8 亿元增加到 414.0 亿元，增长 9.4 倍；专利授权总量由 0.8 万件增加到 9.7 万件，增长 11.1 倍。

2. 科技创新体系加快完善

重大创新平台加快布局，中科院赣江创新研究院挂牌成立，结束了江西无国家科技大院大所的历史；中国稀土集团有限公司落户赣州，结束了江西无央企总部的历史；江西理工大学国家稀土功能材料创新中心获批成为第 14 个国家制造业创新中心，填补了省内无国家制造业创新中心的空白；中国工程科技发展战略江西研究院、中国信息通信研究院江西研究院、中国中医科学院中医药健康产业研究所等一批"中字头""国字号"高端重大创新平台相继落地。至 2021 年末，全省共有国家级研发平台 96 个，国家级重点工程（技术）研究中心 8 个，国家级重点实验室 6 个；省级研发平台 1213 个，省级工程（技术）研究中心 351 个，省级重点实验室 240 个；拥有院士 6 人，国家级人才工程入选者 200 余人，享受国务院政府特殊津贴 2242 人，省主要学科学术和技术带头人 1077 人。创新要素加速集聚。赣江两岸科创大走廊加快打造全国有影响力的区域科技创新中心的战略布局初步形成，赣江新区在国家级新区中的排名由 2017 年的第 14 位提升至 2021 年的第 12 位。南昌高新技术产业开发区等七个国家高新技术产业开发区获批建设鄱阳湖国家自主创新示范区，井冈山国家农业科技园区加快升建国家农业高新技术产业示范区。南昌航空、赣州稀金、中国（南昌）中医药、上饶大数据、鹰潭智慧、南昌 VR 六大科创城，已成为全省重点产业与科技创新高度融合的"主战场"。井冈山市等创新型县（市、区）建设全面铺开，全省"一廊两区六城多点"的创新区域体系加快形成。

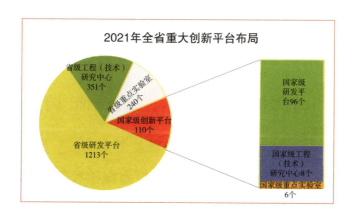

3. 创新驱动发展活力迸发

聚焦航空及先进装备制造、生物和新医药、新材料、节能环保、新一代信息通信等重点发展的战略性新兴产业，开展集中技术攻关，成功实施一批重大科技研发专项，取得一批重大成果。电子废弃物资源化利用、硅基高光效绿光 LED 芯片、固体制剂产业化等方面，突破关键核心技术和"卡脖子"问题，获国家科技奖励 51 项。"直-10 专用武装直升机"2015 年获得国家科技进步一等奖；南昌大学"硅衬底高光效 GaN 基蓝色发光二极管"项目 2016 年获得国家技术发明一等奖，实现江西国家技术发明奖一等奖"零"的突破；欧菲光图形化的柔性透明导电薄膜及其制法 2019 年获得中国专利金奖，并快速转化为现实生产力。数字赋能不断强化，移动物联网、VR 等新业态从无到有、从小到大，高速光纤网络和 4G 网络实现城乡全覆盖，5G 基站实现设区市主城区全覆盖，通过国家"03 专项"成果转移转化试点示范，带动全省物联网核心及关联产业业务收入突破 1600 亿元，数字经济将成为高质量发展"新名片"。

六、生态保护谱写新篇章，绿色崛起步伐加快

十年来，江西坚持"绿水青山就是金山银山"理念，深入实施生态立省、绿色崛起战略，扎实做好治山理水、显山露水文章，努力提升绿色生态优势，打造美丽中国"江西样板"取得显著成效。

1. 生态文明建设取得新的进展

国家生态文明试验区建设取得阶段性成果，中央部署的 38 项重点改革任务全部完成，35 项改革经验和制度成果落地。生态保护红线加快调整优化，生态环境保护工作责任规定、督察工作实施办法等制度创新走在全国前列，率先在全国出台省级国土空间生态修复规划，率先出台建立健全生态产品价值实现机制实施方案，生态环境监测网络实现水陆空全覆盖，跨省流域上下游突发水污染事件联防联控合作实现全覆盖。构建以"河长制、湖长制、林长制"为主体的全域监管责任体系，率先实现国家森林城市、国家园林城市设区市全覆盖，率先在全国启动"湿地银行"建设试点，率先在全国实施全流域生态补偿，率先建立生态文明建设评价指标体系。碳达峰碳中和工作有序推进，设立碳达峰碳中和科技创新专项，建立碳达峰碳中和项目库，首批入库项目 45 个、总投资 536 亿元；严格"两高"项目准入管理，落实高耗能行业能效标准，推进能源资源清洁高效利用。赣州入选全国水土保持高质量发展先行区，吉安获评全国"最具生态竞争力城市"，抚州成为江西省首个全国林业改革发展综合试点市，德兴成为首个国家气候标志城市，萍乡海绵城市建设经验在全国推广，九江长江"最美岸线"、赣江中游生态经济示范区等形成示范亮点。武夷山国家公园设立，江西省成为全国首批拥有国家公园的十个省份之一。

双碳目标
2025年：单位GDP能耗和碳排放完成国家下达目标
2030年：二氧化碳排放量达到峰值并实现稳中有降
2060年：实现碳中和目标

碳中和

碳达峰

2. 生态环境质量保持全国领先

全省建成各类自然保护地 547 处，其中国家公园 1 处，自然保护区 190 处，风景名胜区 45 处，森林公园 182 处，湿地公园 109 处，地质公园 15 处，世界遗产 5 处，自然保护地总面积 2800 多万亩，占全省辖区面积的 11.4%。全力打造山水林田湖草沙综合治理样板区，2021 年全省森林覆盖率达到 63.35%，深入推进长江经济带"共抓大保护"攻坚行动，全面开展"五河两岸一湖一江"全流域系统治理，2021 年全省地表水水质优良比例达 93.6%，国家考核断面水质优良比例达 95.5%，长江干流江西段水质断面全部达到 II 类标准，设区市集中式饮用水水源地水质达标率 100%。深入开展空气质量提升行动。2021 年全省空气优良天数比例为 96.1%，位于中部第 1；PM2.5 年均浓度降至 29 微克 / 立方米，达到国家二级标准。深入开展土壤环境质量提升行动，2021 年，全省建成垃圾焚烧处理设施 33 座，日处理能力 2.85 万吨，危废、医废年处理能力分别提高到 59 万吨、5.6 万吨，畜禽粪污综合利用率、秸秆综合利用率分别达 96.8%、95.1%。

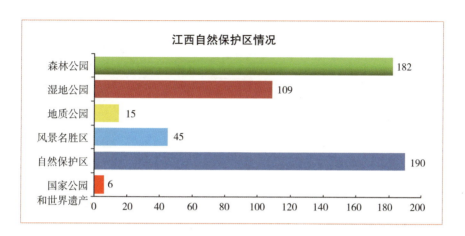

3. 节能降耗多措并举成效明显

　　经济增长对能源依赖程度显著降低，全省能源消费总量由 2012 年的 7148.3 万吨标准煤增加到 2021 年的 10345.5 万吨标准煤，年均增长 4.2%，低于 GDP 年均增速 4.2 个百分点；单位 GDP 能耗由 0.61 吨标准煤／万元下降到 0.42 吨标准煤／万元，累计下降 31.1%。其中，"十三五"时期，能源消费累计增加 1385.1 万吨标准煤，低于国家下达的 1510 万吨标准煤控制目标任务；单位 GDP 能耗累计下降 19.4%，完成能耗强度下降 16% 的目标任务。工业能耗强度降幅扩大，2021 年规模以上工业单位增加值能耗下降率为 7.59%，降幅比上年扩大 6.0 个百分点。其中六大高耗能行业单位增加值能耗下降 4.4%，降幅扩大 1.8 个百分点。洁净、绿色、环保可再生新能源生产能力不断增强，2021 年新能源装机容量达 1571.34 万千瓦，比 2012 年末增长 46.8 倍，年均增长 53.7%。

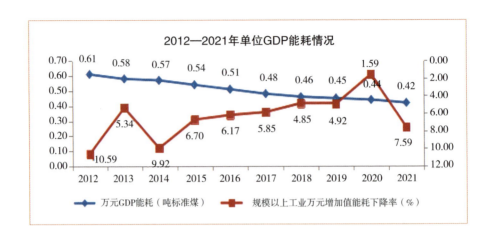

2012—2021年单位GDP能耗情况

七、社会事业取得新进步，民生福祉大幅提升

十年来，江西坚持以人民为中心的发展思想，在发展中保障和改善民生，在高质量发展中促进共同富裕，着力解决好人民群众最关心、最直接、最现实的问题，百姓获得感、幸福感、安全感不断提升。

1. 人民生活水平显著提高

居民收入总量大幅增加。2021年，全省城镇居民人均可支配收入突破4万元，达41684元，比2012增长1.1倍，年均增长8.5%，总量在全国排位由第24位前移到第15位；农村居民人均可支配收入突破1万元，达18684元，比2012年增长1.3倍，年均增长9.7%，总量在全国排位由第14位前移到第10位；城乡收入比由2012年的2.5:1缩小到2.2:1。居民生活质量大大改善。2021年，全省城、乡居民恩格尔系数为31.4%、33.3%，分别比2012年下降8.3和10.2个百分点；人均消费支出为24587元、15663元，分别比

2012 年增长 92.4% 和 2.1 倍；人均住房建筑面积为 51.6 平方米、69.4 平方米，分别比 2012 年多 11.5 平方米和 21.8 平方米。每百户居民家庭拥有的助力车、洗衣机、冰箱、微波炉、空调等耐用消费品为 76.8 台、82.1 台、99.1 台、33.7 台、115.8 台，分别比 2012 年增长 38.3%、37.5%、11.5%、41.3% 和 63.1%；每百户城镇居民家庭拥有家用汽车 40.9 辆，增长 1.0 倍，每百户农村居民家庭拥有家用汽车 22.5 辆，增长 2.1 倍。

2012—2021年城镇、农村居民人均可支配收入及收入比

2. 民生保障力度不断加大

2021 年，全省财政用于民生方面的支出达 5345.5 亿元，占一般公共预算支出的 78.9%，比 2012 年提高 10.9 个百分点；十年民生领域累计支出 3.9 万亿元，年均增长近 10%，其中教育、文化、社会保障、卫生健康等领域支出年均分别增长 8%、11.3%、11.9%、12.7%。养老保险、基本医疗保险、大病保险实现全覆盖，2021 年，全省城乡居民基本养老保险参保人数增加到 2074.3 万人，基本医疗保险参保人数增加到 4710.5 万人，失业保险参保人数增

加到 308.0 万人。城市低保标准由 2012 年的每月 350 元 / 人提高到 765 元 / 人，特困供养标准由每月 400 元 / 人提高到 995 元 / 人；农村低保标准由 2012 年每月 170 元 / 人提高到 515 元 / 人，特困供养标准由每月 220 元 / 人提高到 670 元 / 人。坚持把打赢脱贫攻坚战作为重大政治任务和第一民生工程，2020 年全省 25 个贫困县全部"摘帽"、3058 个贫困村全部退出，现行标准下农村贫困人口全面脱贫，江西区域性整体贫困和群众绝对贫困问题得到历史性解决。严格落实贫困县摘帽不摘责任、不摘政策、不摘帮扶、不摘监管"四个不摘"和非贫困县攻坚力度、帮扶力量、投入保障、政策举措"四个不减"要求，加大财政扶贫、金融扶贫、科技扶贫、土地政策、人才支持等力度，持续推进巩固拓展脱贫攻坚成果同乡村振兴有效衔接，坚决守住不发生规模性返贫的底线。2021 年，全省累计动态识别监测对象 3.3 万户、11.5 万人，至年底 66.3% 已消除返贫致贫风险；脱贫劳动力实现就业 135.2 万人，比上年增加 4.3 万人，巩固拓展脱贫攻坚成果"江西模式"在全国获得肯定。

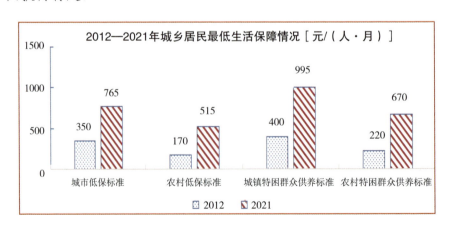

3. 社会事业取得长足发展

教育事业生机勃勃。2021年全省高等院校在校学生由2012年的87.6万人增加到140.8万人，增长60.7%；高中阶段教育毛入学率上升到93.3%，初中阶段适龄人口毛入学率上升到107.9%，小学学龄儿童毛入学率上升到101.5%。公共文化服务基本实现省市县乡村五级服务网点全覆盖。2021年全省拥有专业艺术演出市场主体389个、文艺表演团体332家、文化馆117个、公共图书馆114个、博物馆189个；广播、电视综合人口覆盖率分别达99.2%和99.6%。公共卫生体系不断健全。2021年全省拥有各类医疗卫生机构36755个，比2012年增长4.1倍，年均增长20.0%；卫生技术人员达30.5万人，比2012年增长69.7%，年均增长6.0%；医疗卫生机构每千人拥有床位数增加到6.8张，居民平均预期寿命提高到77.6岁。体育事业蓬勃发展。全省拥有青少年俱乐部196个、国家级体育传统项目学校15所、省级体育传统项目学校237所、省级单项体育后备人才基地38个。"十三五"期间，江西省体育健儿获得奥运会金牌1枚、亚运会金牌2枚、第十三届全运会金牌9枚、第二届青运会金牌44枚的好成绩；2021年，在国际和国内的重大比赛中共获得38枚金牌、36枚银牌和44枚铜牌。积极推进社会治理体系和治理能力现代化，平安江西、法治江西建设扎实推进，社会保持和谐稳定，人民群众安居乐业。

　　回首过去，栉风沐雨十年路，4500多万赣鄱儿女在省委、省政府坚强领导下，坚持不懈探索做大总量与做优质量有机结合新路，坚持不懈求解经济社会与生态协调发展难题，坚持不懈推进中国特色社会主义在江西的生动实践，不断开创高质量跨越式发展新境界。总结取得的成绩，这是习近平总书记领航掌舵的结果，是以习近平同志为核心的党中央坚强领导的结果，是习近平新时代中国特色社会主义思想科学指引的结果，是省委、省政府率领全省人民奋发进取、一以贯之贯彻落实习近平总书记视察江西重要讲话精神的结果。实践充分证明，习近平新时代中国特色社会主义思想、习近平总书记视察江西重要讲话精神，是指引江西发展的真理航标和光明灯塔，是完全切合江西实际的战略指引，展现出了强大的思想伟力、真理伟力和实践伟力。

　　面向未来，昂首阔步新征程，全省上下要坚持以习近平新时代中国特色社会主义思想为指导，深入贯彻落实党中央、国务院和省委、省政府重大决策部署，牢牢把握新发展阶段性特征，完整、准确、全面贯彻新发展理念，加快构建新发展格局，锚定全面建设"六个江西"目标勇毅前行，奋力书写全面建设社会主义现代化江西的精彩华章，以优异成绩迎接党的二十大胜利召开。

后 记

　　党的十八大以来，中国特色社会主义进入新时代。在以习近平同志为核心的党中央坚强领导下，中国人民在中华民族伟大复兴道路上迈出坚定步伐，踏下坚实足印！这十年，在习近平新时代中国特色社会主义思想指引下，我们经受住了来自政治、经济、意识形态、自然界等方面的风险挑战，攻克了许多长期没有解决的难题，办成了许多事关长远的大事、要事，推动党和国家事业取得历史性成就、发生历史性变革。新时代十年的伟大变革，极不寻常、极不平凡，在党史、新中国史、改革开放史、社会主义发展史、中华民族发展史上具有里程碑意义。

　　在习近平总书记的殷切关怀和亲自推动下，江西牢记嘱托，勇毅前行，在新时代这十年的进程中一步步把习近平总书记擘画的蓝图转化为美好现实：坚持创新发展，推动综合实力实现大跨越；坚持改革开放，推动动力活力实现大迸发；坚持生态优先，推动城乡环境实现大改善；坚持共建共享，推动民生福祉实现大提升；坚持从严治党，推动政治生态实现大优化……革命老区发生了翻天覆地、令人振奋的新变化。泽润红土展新颜，老区奋进开新篇。穿行在红土地，耳闻目见的是物阜民丰的幸福场景，切身感受的是争创一流的志气担当！

为全面反映、生动展示4500多万赣鄱儿女在奋力描绘新时代江西改革发展新画卷中的新实践、新创造，在全省上下踔厉奋发，着力以优异成绩喜迎党的二十大胜利召开的重要时刻，省委组织部、省委党史研究室、省统计局决定联合编撰出版图文书——《新时代江西这十年》。省委组织部徐忠、省委党史研究室梅仕灿、省统计局方向军主持策划编撰并审定书稿；省委组织部饶荣诚、省委党史研究室刘津具体负责编撰工作并进行统改；潘瑀、徐新玲、夏龙斌承担了书稿撰写和图片资料的收集整理工作。

江西画报社、大江网、南昌市史志办、吉安市委史志中心及江西人民出版社在工作中给予了大力支持。杨金华、宋靖、王剑华、李月华等人为本书的编撰提供了资料图片或参与了相关工作，在此特致以真诚的谢意！

十年砥砺奋进，十载春华秋实！以图文并茂的形式记录好、展示好、宣传好新时代江西这十年的发展成就和宝贵经验，极具时代意义。我们在广泛收集不断提炼的基础上，反复打磨数易其稿，但由于水平有限，书中难免存在不当之处，敬请批评指正！

编　者

2022 年 8 月